杭州市科技创新项目技术预见研究

——以先进制造业为例

彭何欢　汤一鹏　邵永新　李　廷　方龙波　倪芝青 著

浙江工商大学 出版社

ZHEJIANG GONGSHANG UNIVERSITY PRESS

·杭州·

图书在版编目(CIP)数据

杭州市科技创新项目技术预见研究：以先进制造业为例 / 彭何欢等著. — 杭州：浙江工商大学出版社，2023.12
ISBN 978-7-5178-5862-1

Ⅰ.①杭… Ⅱ.①彭… Ⅲ.①制造工业－技术革新－项目管理－研究－杭州 Ⅳ.①F426.4

中国国家版本馆 CIP 数据核字(2023)第 252447 号

杭州市科技创新项目技术预见研究——以先进制造业为例

HANGZHOU SHI KEJI CHUANGXIN XIANGMU JISHU YUJIAN YANJIU——YI XIANJIN ZHIZAOYE WEI LI

彭何欢　汤一鹏　邵永新　李　廷　方龙波　倪芝青 著

责任编辑	张　玲
责任校对	沈黎鹏
封面设计	望宸文化
责任印制	包建辉
出版发行	浙江工商大学出版社
	（杭州市教工路 198 号　邮政编码 310012）
	（E-mail:zjgsupress@163.com）
	（网址:http://www.zjgsupress.com）
	电话:0571－88904980,88831806(传真)
排　　版	杭州朝曦图文设计有限公司
印　　刷	广东虎彩云印刷有限公司绍兴分公司
开　　本	710mm×1000mm　1/16
印　　张	13
字　　数	213 千
版 印 次	2023 年 12 月第 1 版　2023 年 12 月第 1 次印刷
书　　号	ISBN 978-7-5178-5862-1
定　　价	56.00 元

前　言

预测并把握未来是人类长久以来的梦想与追求。预见未来的发展趋势，对政府决策、企业实践和学术探索都具有十分重要的意义和应用价值。只有善于预见未来，才能更好地创造人类的美好明天。

当今世界，科技创新已经成为提高综合国力的关键支撑，成为社会生产方式和生活方式变革进步的强大引领。新一轮科技革命和产业变革加速了全球科技竞争格局的重构，世界各主要国家纷纷调整科技发展战略和政策，实施重大科技计划，力图把握国际科技竞争主动权。

中国政府提出到 2050 年成为世界科技创新强国的宏伟目标。要建设世界科技强国、加快科技创新，我们必须审时度势，面向世界科技前沿开展前瞻性研究，尤其要加强对未来主流科技的研究和开发。技术预见是站在现在看未来，把握好主攻方向；也是用未来之眼看现在，明确当下的着力点。站在新一轮技术革命和产业变革的重要关口，技术预见工作的重要性越来越凸显。

2016 年国务院印发了《"十三五"国家科技创新规划》，提出建立技术预测长效机制。2017 年中央全面深化改革领导小组第三十二次会议强调健全国家科技预测机制。为了细化国家创新发展目标、精准识别创新战略重点和明确国家未来优先发展技术清单，中国政府迫切需要大力开展科学前瞻和技术预见活动，强化科技发展战略研究能力，把握住新技术革命和产业变革引发的新机遇，合理配置科技资源，全面提升国家科技创新能力。

在坚持科技自立自强的时代背景下，中国政府面向科技发展前沿，把握世界科技发展趋势，部署国家宏观科技发展战略，大力提升自主创新能力，加强科学技术与社会经济的融合，实现高水平科技创新推动经济高质量发展。而研究分析科技发展方向和重点领域,并为此提供政策、资金、技术和人才支撑,是当前技术预见工作的主要内容。开展技术预见活动,正是识别社会发展战略需求、制订科技中长期规划和创新政策的客观需要,是提高科技对社会经济发展支撑力的重要途径。

当前,中国科技领域正面临着机遇和挑战并存的形势:各级政府如何把握国家未来的宏观产业布局、如何组织实施科技发展战略促进产业发展,各产业如何确定优先发展的技术方向和关键技术,各企业如何有效利用有限的研究与试验经费等等。这一系列问题的妥善解决,将给技术预见的进一步发展提供巨大机遇和空间。

第一章 技术预见的相关理论

科技塑造未来，创新驱动发展。在人类开始步入数字经济的新时代背景下，在教育、科技、人才"三位一体"融合发展成为关系到国家和民族未来的战略形势下，在科技进步与创新日益成为影响国家（地区）经济、社会发展的决定性力量的趋势下，不断兴起的技术预见活动已经成为各国（地区）依靠科技开启未来领先地位的重要筹码。

一、技术预见的发展历程

一般认为，"技术预见"是由英国萨塞克斯大学的约翰·欧文（J. Irvine）和本·马丁（B. R. Martin）两位学者在 1983 年为英国应用研究与开发咨询委员会（Advisory Council for Applied Research and Development，ACARD）做的一项研究中提出来的，随后被学术界正式接受。约翰·欧文和本·马丁最终选择"foresight"一词作为"识别产生最大经济效益和社会效益的研究领域"工作的简称。这个词在两位学者的两本书中曾出现：一本是 1984 年出版的《科学中的预见：挑选赢家》（*Foresight in Science：Picking the Winners*）；另一本是 1989 年出版的《预见研究：科学的优先选择》（*Research Foresight：Priority-setting in Science*）。按照本·马丁的解释，"技术预见是对科学、技术、经济和社会的远期未来进行有步骤的探索过程，其目的是选定可能产生最大经济效益和社会效益的战略研究领域与通用新技术"。

1983 年是技术预见发展历程中具有里程碑意义的一年。此前，类似的相关活动被称为技术预测（Technology Forecasting）。技术预测活动于 20 世纪三四十年代在美国兴起，当时人们主要关注技术本身的发展规律。至

20 世纪 60 年代,基于定量方法的技术预测的整体关注度有下滑的趋势。可以说,技术预测兴于美国,也衰于美国。20 世纪 70—80 年代,技术预测在美国商业领域备受非议,主要是因为 20 世纪 60 年代末以后,科技、经济、社会发展越来越复杂多变,传统的技术预测已不能适应这种瞬息万变的节奏。20 世纪 80 年代中期至 90 年代中期,"Technology Foresight"一词迅速扩散,尤其是在 20 世纪 90 年代的前五年里,这一词在文献中使用的频率远超"Technology Forecasting"和"Technological Forecasting"。这是因为在 20 世纪 90 年代初,各国都意识到技术预见对于国家前途和未来发展的重要性,于是纷纷抓紧开展技术预见研究,使得技术预见迅速成为世界潮流。但在美国,大多数学者在表述技术预见活动时仍然采用"Technology Forecasting"或"Technological Forecasting"。

因此,有理由认为,政府主导的技术预见活动是在技术预测基础上发展起来的。也可以说,技术预测是技术预见的前期工作,它与技术预见活动中的"趋势预测"环节相对应,但还没有上升到技术预见理念中"整体化预测"的高度。相比较而言,技术预见具有更加广泛的内涵,除了要考虑技术自身因素外,还要系统地考虑经济与社会需求、资源与环境制约等诸多因素。实际上,它就是将技术发展路径置身于一个大系统中来进行多维度分析。国内技术预见理论与实践的先行者——中国科学院穆荣平研究员指出,从"技术预测"到"技术预见"不仅仅是一个名词的变化,后者所涵盖的内容要广得多。其进一步指出,技术预见是"对科学、技术、经济、环境和社会的远期未来进行有步骤的探索过程,其目的是选定可能产生最大经济效益和社会效益的战略研究领域和通用新技术"。传统的技术预测的目的仅是准确地预言、推测未来的技术发展动向,而技术预见则旨在通过对未来可能的发展趋势及带来这些发展变化的因素的了解,为政府和企业决策者提供作为决策基础的战略信息,这与英国学者本·马丁对技术预见的阐释很接近。技术预见的假定条件是:未来存在多种可能性,最后到底哪一种可能会变为现实,这依赖于我们现在所做出的选择。因而,就对未来的态度而言,预见比预测更积极。它所涉及的不仅仅是"推测",更多的则是对我们(从无限多的可能之中)所选择的未来进行"塑造"乃至"创造"。然而,技术预见的出现并不意味着技术预测退出了历史舞台。技术预测的方法(如趋势预测)仍然可以作为技术预见的辅助手段,两者都属于未来导向的技术分析(Future-oriented Technology Analyses,FTA)。

可以说，从技术预测到技术预见的转变正是人类对科技发展动力的认识更加充分的体现。科技发展不能孤立于社会与经济因素。基于对创新系统的充分认识，人们意识到由传统定量的技术预测向更加综合的技术预见转变，是大势所趋。技术预见是一个知识收集、整理和加工的过程，是一种不断修正对未来发展趋势认识的动态调整机制。因此，技术预见活动的影响不仅体现在预见结果对现实的指导意义，还体现在预见活动过程本身所产生的溢出效应。

技术预见成为世界潮流有其深刻的背景。首先，经济全球化加剧了国际竞争，技术能力和创新能力已成为一个企业乃至一个国家竞争力的决定性因素，从而奠定了战略高技术研究与开发的基础性和战略性地位。技术预见恰好提供了一个系统的选择工具，可用于确定优先支持项目，将有限的公共科研资金投入关键技术领域中。其次，技术预见提供了一个强化国家和地区创新体系的手段。国家和地区创新体系的效率不仅取决于某个创新单元的绩效，更取决于各创新单元之间的耦合水平。基于德尔菲调查的技术预见过程本身既是加强各单元之间联系与沟通的过程，也是共同探讨长远发展战略问题的过程。它可以使人们对技术的未来发展趋势达成共识，并据此调整各自的战略进而达成合作意向。再次，技术预见活动是一项复杂的系统工程，不是一般中小企业所能承担的，政府组织的国家技术预见活动有利于中小企业把握未来技术的发展机会，制定正确的投资策略。最后，现代科学技术是一把双刃剑，在给人类创造财富的同时也带来了一系列问题。政府组织的国家技术预见活动有利于引导社会各界认识技术发展可能带来的社会、环境问题，从而起到一定的预警作用。

未来科技发展的动力愈加复杂，由此面向中长期的科技战略规划显得愈加重要，并且需要更多的主体参与科技治理，因此开展技术预见将是一个必然的选择。相较于日本、韩国等国，我国迫切需要建立基于技术预见的科技规划与战略方法，并将其尽快纳入国家科技活动的常规管理办法或法律条文中。未来的方法研究可借鉴"综合集成研讨厅"的思想，充分发挥大数据和人工智能的支撑作用，构建集主客观/定性定量信息的综合性技术预见方法。未来一个主要研究工作是，基于大数据和人工智能的决策思想，构建主客观/定性定量信息整合的技术预见理论与方法，并尝试基于大数据、人工智能方法搭建人机互动平台，以实现主客观方法互相支撑。在实践上，未来迫切需要解决的问题是如何充分利用技术预见支撑政策制定。此外，促进技术预见与情景分析法相结合,技术预见与技术路线图法相结合,加强技术预见在科技发展战略中的支撑作用,从方法和实践上取得突破。

从技术预见的发展来看,技术预见经历了"美国起源—日本改进—欧洲跟进—世界各国开始加入"的历史进程。

二、技术预见的经验与趋势

1. 技术预见的经验

技术预见是对科学、技术、经济、环境和社会的远期未来所进行的有步骤的探索过程。其目的是选定可能产生最大经济与社会效益的战略研究领域和通用新技术。20世纪90年代以来,技术预见已经成为一股世界潮流,无论日本、德国、英国等发达国家还是发展中国家都积极酝酿开展基于德尔菲调查的国家技术预见活动。其中,日本于1971年开展了第1次基于大型德尔菲调查的技术预测活动,以后每5年组织一次。

从1971年日本开展基于德尔菲调查的技术预见起,50多年来技术预见理论方法经历了持续不断的探索与创新。

(1)各个层面的技术预见活动不断出现。最初的技术预见活动由政府组织,只集中在国家层面,随后区域技术预见、跨国技术预见活动也逐渐兴起。

(2)各国不断探索新的技术预见方法。虽然各国的技术预见仍以德尔菲调查为基础,但已不局限于这一方法。为了让更多的相关利益人参与技术预见活动,基于互联网的调查与对话逐渐流行起来。德国2001年启动的"Future"计划就是一个典型的例子,"各领域专家可以通过网络参加虚拟研讨会,在倾听更多专家的声音的同时,也让自己的想法被更多的人知道"。此外,为了把握未来发展对技术的需求,情景分析法越来越受到技术预见专家的青睐。

(3)在继续开展针对技术领域的预见活动的同时,一些国家开始围绕重大问题进行预见研究。如英国、德国等在其新一轮预见计划中着手开展以问题为中心的预见活动。

(4)技术预见活动的国际交流与合作日趋频繁。2000年、2003年分别以"新型技术预见的方法与潜力""第三代预见与科技政策优先领域选择"为主题的技术预见国际会议在日本东京召开。联合国工业发展组织在布达佩斯召开有多国政府首脑和部长参加的2003年技术预见峰会。此外,日本与德国、德国与法国之间已经开展了关于技术预见的双边合作。

（5）更加重视对预见结果的跟踪、监测以及其在决策中的支持作用。由于大型德尔菲调查成本很高，不可能成为经常性活动，依靠技术预见活动形成的专家网络，结合文献计量和数据挖掘等其他方法跟踪及监测关键技术发展趋势已成为一种明智的选择。日本文部省科技政策研究所的科学技术预见中心成立后的一项重要工作就是利用技术预见活动形成的专家网络"定期收集、整理关键技术进展情况"，为政府提供重要的决策参考信息。

2.技术预见的趋势

对日本、韩国、英国、德国等国近年来的典型技术预见实践案例进行综合研判后，笔者认为技术预见发展呈现如下趋势。

（1）技术预见的方法趋向于综合集成，从而不断提高技术预见的科学性。日本从第 7 次技术预见起，在德尔菲法的基础上逐步增加需求分析法、情景分析法、文献计量法等；韩国第 5 次技术预见在德尔菲法的基础上也使用了聚类分析、环境模型、大数据网络等手段；英国第 3 轮"技术与创新未来"（Technologies and Innovation Futures，TIF）的技术预见研究在德尔菲法的基础上，结合了水平扫描、专利分析、文献计量、专家访谈等手段；俄罗斯面向 2030 年的技术预见研究采用专利和文献计量、情景分析、技术路线图、全球挑战分析、水平扫描、弱信号等多种方法。对于技术预见这样一个复杂过程来说，单独使用任何一种方法几乎无法得出科学合理的结果，技术预见活动需要组合运用多种方法。技术预见方法已多达 100 多种（Magruk，2011），德尔菲法、科学计量法、环境扫描法和专家研讨法是国家层面的技术预见实践的常用方法。

（2）技术预见实践过程与信息技术相结合，不断提高技术预见实践效率。日本第 11 次技术预见引入人工智能技术（以机器学习、自然语言处理和深度学习为中心的智能及其相关技术）以深入探索面向未来的技术融合领域，此次技术预见活动使用相关软件对技术含义进行自然语言分析、名词短语矢量化、名词短语解压以及可视化等操作；韩国第 5 次技术预见也使用大数据的手段进行网络分析；俄罗斯技术预见也采用相关技术进行了文献和专利计量。这些信息技术手段极大地提高了技术预见实践的效率。大数据时代，数据已渗透到当今社会的各行各业中，成为现代社会重要的生产要素。使用大数据协助专家完成信息的收集与筛选、整理与分析，将信息与数据指标化、图表化，这将极大地优化技术预见实践，提高技术预见实施效率。

（3）技术预见构建社会愿景，明确优先技术识别导向。日本第 11 次技术预见综合社会和技术发展趋势，主动构建了面向 2050 年的社会发展愿景，并在愿景带动下，结合科技和社会发展趋势识别未来关键技术；韩国第 5 次技术预见以应对社会挑战为导向，借助网络调查识别韩国社会发展面临的关键问题，然后通过专家整合、提炼，指出未来发展面临的重大挑战；英国第 3 轮"技术与创新未来"的技术预见研究探讨了传感器、数据、自动化和使用者之间的互动，预测了健康、食品、生活、交通、能源领域的未来场景，并在此背景下，识别了实现未来经济效益最大化的关键技术；俄罗斯 2030 技术预见则以促进经济增长、识别技术发展的"窗口机遇"为导向。本质上来讲，技术预见是相关利益人共同参与的前瞻性活动，"着眼于远期未来，沟通、协商、合作与承诺"是技术预见的精髓（王瑞祥等，2003）。构建愿景能够有效指导技术预见中关键技术优先选择的原则和标准，提升技术预见对社会科技创新的引导能力。

（4）技术预见强调创新主体之间的联系，充分发挥技术预见的战略功能。日本第 11 次技术预见识别社会挑战和需求，构建未来理想社会，从社会发展的视角思考技术优先发展的问题。此次技术预见成果也被应用于制定《科学技术基本计划》。韩国第 5 次技术预见系统性地分析了社会热点问题以及它们之间的联系，在全面考虑社会发展趋势的前提下，提出了面向未来的关键性技术。德国"Foresight Process"第 2 轮技术预见活动系统性地研究了 2030 年社会出现的趋势和挑战，将社会趋势、环境变化等多种因素与技术发展联系起来，识别出未来七大挑战、60 个趋势，并在综合考虑社会挑战和技术趋势两方面因素的基础上，系统性地提出 2030 年指导德国社会发展 9 个"创新萌芽"。俄罗斯技术预见成果支撑了俄罗斯《2030 年社会经济长期发展预测》《2020 年科技发展》《2035 年俄罗斯能源战略》等多项规划的制定，系统性地指导了俄罗斯社会、经济、科学和技术发展，充分体现技术预见宏观战略特性。随着环境污染、能源匮乏、人类疾病、社会公平等一系列社会问题的复杂化，技术预见研究必须系统性地充分考虑各种问题，从宏观战略角度遴选关键技术以全面应对社会挑战。

三、技术预见的特征

英国著名技术预见专家本·马丁在考察日本技术预见活动后，又就如何体现技术预见宗旨做了大量研究，他用 5 个均以"C"字开头的词汇概括出从事技术预见活动必须遵从的几项基本原则。张培宾根据自己的理解对其进行了阐述,即国家层面的技术预见活动须具有"5C 特征":

交流(Communication)——促进了不同群体的交流。

集中(Concentration)——促使参加者聚集于长远的未来。

协调(Co-ordination)——促使参加者协调其未来的活动。

一致(Consensus)——有助于在研究的优先选择上达成一致。

承诺(Commitment)——根据预估的日期把预测结果纳入要实现的国家目标之中,形成对预测结果的承诺。

同时,针对更大范围的技术预见,安德森(Anderson)和费尔斯(Fears)提出了第 6 个"C"——理解(Comprehension)原则,鼓励参与技术预见的人们去理解在他们专业或职业中正在发生的变化,站在全球的高度运用某些控制方法引导和把握这些变化。

早期技术预见一直被用来描述那些需要处理的长期性问题(尤其是政府方面)。技术预见是为了寻求新的政策工具来处理科学、技术和创新系统中的问题。关系科学、经济和社会长远未来的技术预见,旨在确定可能产生最大的经济效益和社会效益的战略研究和新兴技术领域。就技术预见倡导的基本理念和核心而言,它是在未来一段时间内对科技、经济和社会进行全面的预测,同时充分考虑在政策酝酿、形成、出台中的各种关键力量和因素,系统科学地选择具有战略意义的研究领域、关键技术以及通用技术,充分利用市场对资源的配置手段,实现经济与社会利益的最大化。

显然,技术预见不仅是一种普通的主观判断:

1.技术预见是一种科学方法

技术预见不是异想天开,它通过科学的方法,系统地综合各种信息,运用各种数学模型进行运算,最终对未来科技发展的各种可能性做出优选。也许未来的实践与现在的预见有差异,但是就预见行为来看,技术预见已经尽了最大的可能去实现未来与现在的预见结果一致。

2.技术预见是个过程

预见不是一项技术(或一套技术),而是一个磋商的过程。通过这个合理设计的过程,把相关利益群体(科学界、政府、工业、非营利集团和其他公共利益群体)的代表性人员集中在一起,进行交流讨论,进而对未来技术发展的预期形成共识。

3. 技术预见有合适的时间跨度

技术预见不是对明天或者后天的技术判断，也不是对未来一两百年后的技术幻想。技术预见必须根据所要分析的领域的特点，选择合适的时间跨度，太长或太短都会导致技术预见结果不精确。

4. 技术预见的目的是社会整体福利的提升

技术预见是对未来的最优化选择，不仅是为了经济效益，还为了社会效益。技术预见的根本目的是协调人与人、人与社会、人与环境的利益关系，通过一定的引导，来规范未来的技术走向。

5. 技术预见不是纯粹的计划调控

任何一个国家的技术预见都带有官方色彩，级别越高，官方色彩越浓厚。但是技术预见在考虑政府作用的时候，更要注意市场力量对技术进步的影响。在一些市场失灵的领域，政府才动用计划调控进行引导。随着技术预见技术的成熟，政府和市场在具体技术发展中的作用开始得到更清晰的区分和评估。

四、技术预见提升自主创新

科技自主创新是指通过国家、企业自身的学习与研发活动，探索科学技术前沿，突破技术难关，研究开发具有自主知识产权的技术，并快速使之商业化，以达到预期目标的创新活动。从国际经验看，自主创新能力的培育与发展是实现经济增长方式根本性转变的重要支撑。许多国家，特别是发展中国家，其经济能从发展初期的粗放型增长逐步转变为集约型增长，在很大程度上依赖于其自主创新能力的培育和发展。

长期以来，我国在产业和高新技术的发展上，主要是追赶世界领先科技，积极引进先进的科技成果，真正自研的核心技术还不够多。据统计，我国对外技术依存度高达 50％，而美国、日本等发达国家仅为 5％左右。提升自主创新能力，已经成为当前的重要课题。技术预见作为一种战略管理手段，通过对未来一段时间内科学、技术、经济和社会的整体预测给出未来科技、经济和社会发展趋势的总体描绘，给予自主创新以相应的支撑，发挥导航作用。因此，对我国来说，当务之急是通过技术预见等手段清醒地认识和把握当前我国科技发展面临的主要问题及与发达国家之间的差距，进而通过优化科技资源的配置，逐步提升自主创新能力，从而推进国家创新体系建设。

科技创新是21世纪经济和社会发展的主导力量,世界范围内的科技、经济竞争日益激烈。随着新技术、新领域的发展,科技发展的结构还将会有更大的调整。面对严峻挑战与巨大机遇,我国更要充分估量科技发展对经济、社会发展带来的全面而深刻的影响,立足于经济全球化和自身实际,根据未来发展的新形势、新问题、新要求,开展技术预见等前瞻性工作,加强自主创新能力建设。

创新体系的主体要素间的关系是制约区域创新能力提升的重要因素,技术预见研究过程中全面考察了科学、技术、经济、社会等多因素间的互动关系,通过协作、协商、协调等机制,更好地发挥"政产学研"的特色与优势,实现科学选择、民主决策,从而达到提升区域创新系统效率的目的。技术预见在区域创新体系建设中发挥了重要作用,如涂辉文等认为面向未来的技术预见可以为区域内创新主体选择创新方向及主题,并通过协调整合各类创新资源、促进构建区域创新网络等方面来发挥资源在区域创新及经济发展中的效率。石政认为技术预见作为新型的促使科技经济一体化、优化资源配置及制定战略规划政策的重要方法,符合当代技术创新的发展要求。

2016年8月,国务院印发《"十三五"国家科技创新规划》(国发〔2016〕43号),明确了"十三五"时期科技创新的总体思路和发展目标,即聚焦国家战略和经济社会发展重大需求,明确主攻方向和突破口;加强关键核心共性技术研发和转化应用。2021年3月,《中华人民共和国国民经济和社会发展第十四个五年规划和2035年远景目标纲要》(简称"十四五"规划)再次指出,把科技自立自强作为国家发展的战略支撑,整合优化科技资源配置,尤其要从国家迫切需要和长远需求出发,集中优势资源攻关关键核心技术。

1.指明创新方向

技术预见作为一种科技发展战略管理工具,通过预见可以把握未来社会发展变化趋势,把潜在的社会经济需求转变成科技创新及应用的驱动力;通过技术预见可以选择那些对促进经济发展、提高生活质量和保障国防安全具有关键作用的重大技术予以优先发展;通过政府制定科技发展战略指导创新主体进行创新,摆脱创新的盲目性和创新主体的短视性;同时通过关键技术的确定,可以使创新主体加大对基础性科学研究领域的投入,掌握自主知识产权的核心技术、核心产品,从而提高国家的国际竞争力。

2.推动创新协作

一个国家或一个地区创新体系效率的高低,关键在于各个要素之间的衔接。政府的责任在于构筑和加强体系内各要素间的联系。技术预见恰好是实现该目标的有效工具,它利用问卷调查和学术研讨等形式来讨论大家共同关心的战略问题,使人们对未来技术走向的选择达成共识,或达成合作意向。

3.整合创新资源

技术预见涉及科学团体、研究成果使用者和政策制定者的咨询与互动。实行以技术预见为基础的集群式战略,既不损失单个独立的中小企业所具备的创新行为优势,又可以获得大企业所拥有的创新资源优势,从而达到创新活力和创新规模经济性的有机结合。如漯河市建立产业技术创新战略联盟,杭州市建立企业创新联合体。以企业为主体,联合高等院校和科研机构建立 n 个产业技术创新战略联盟(或创新联合体),提升产业集群发展的核心竞争力。

4.耦合创新主体关系

通过技术预见活动,把政府、企业、大学、研究机构等联结起来,密切"政产学研"之间的合作伙伴关系,使他们在技术预见这样一个平台上进行交流、沟通,消除技术创新及应用中面临的种种障碍,如过时政策、法规对新技术应用的制约和技术转化链条的脱节等,促成技术成果产业化,并让他们参与到共建未来愿景的行动之中。技术预见明确了各主体在自主创新战略中的作用,为资源优化配置奠定了基础。同时,技术预见确定了优先发展领域和关键技术,并为目标的实现指明了发展路径,从而为"政产学研"等创新主体确立了一种协同机制。

五、技术预见与技术预测

长期以来由于我国在制定科技发展战略、发展规划时一直沿用技术预测手段,对技术预见的基本理念还缺乏足够的认识,故而在概念的理解上还存在着很大的误区,有许多学者和政府管理部门领导还想当然地将技术预见理解为以往的技术预测,或者是将过去沿用的技术预测理解为今天的技术预见。更为严重的是在操作层面,概念上的路径依赖往往会导致将原本要做的技术预见做成了技术预测。因此,加强对技术预见基本理念的理解、准确把握技术预见的定义以及严格区分技术预见与技术预测之间的差异就显得非常必要。

1. 界定不同

两个表述都是从科学、技术、经济和社会这几个方面来综合考量并规划在未来较长时间内能够协调发展的科技、经济发展战略。既要考虑让科学催生技术，由技术激活新经济、引导新经济，由此推动社会经济的发展，又要考虑社会对经济的需求，包括对经济的规范，对技术、科学的影响，使科学、技术与经济的发展能够合乎社会的理性预期。

两个表述均强调了如何去选择能够为经济和社会带来最大化利益的通用技术。能否为经济与社会带来最大化利益成为选择通用技术的最高标准。另外，这两个表述也有一点差异，这就是本·马丁表述中强调的要确定具有战略性投资价值的研究领域。事实上，本·马丁所说的具有战略性投资价值的研究领域主要是指能够催生临界技术（Critical Technology）和关键技术（Key Technology）的领域。在表述习惯上，美国多用临界技术，实际上就包括了关键技术；而欧洲等发达国家，以及许多发展中国家则多用关键技术，实际也包括了临界技术。这种差别可能与美国作为世界科学中心和技术中心有关，而其他国家只能在少数领域拥有与美国相抗衡的发展规模和发展水平，所以更倾向于使用关键技术这一表述。我们在这里仍采用大多数国家的表述，即采用"关键技术"的说法，将技术预见对技术的选择称为对"关键技术"和"通用技术"的选择。于是，技术预见也就演变成了依据科技、经济和社会发展趋势的要求，选择能够为经济和社会带来最大化利益的关键技术和通用技术。我们倾向于将技术预见概括为：整体化预测、系统化选择和最优化配置。简而言之，技术预见所倡导的基本理念就是要在对科学、技术、经济、环境和社会的远期未来进行整体化预测的基础上，系统化选择那些具有战略意义的研究领域、关键技术和通用技术，利用市场的最优化配置来最终实现技术发展推进的经济、环境与社会效益的最大化。

可见，所谓技术预测就是根据社会与经济发展目标的设定，预测那些在国民经济发展中必须解决的技术和科学技术问题。而技术预见就是要对未来较长时期内的科学、技术、经济和社会发展进行系统研究，其目标是要确定具有战略性的研究领域，以及选择那些对经济与社会利益最大化具有贡献的通用技术。从这两个定义的横向比较来看，它们要解决的问题都是针对经济与社会发展中所遇到的技术问题和科学技术问题，但解决问题的顺序、范围和深度是有较大出入的。就顺序而言，前者强调的是社会与经济，即社会目标是第一位的；后者强调的是经济与社会，即经济目标是第一位的。就范围而论,前者强调的是那些在国民经济发展中必须解决的技术问题和科学技术问题,特指的成分较大,对象非常明确;后者要解决的则是两个层面的问题:一是要确定具有战略性的研究领域,二是要选择能够使经济和社会利益最大化的技术,特指成分也比较大,但范围相对较广。就深度来说,前者强调的是要处理好最迫切需要解决的问题;后者强调的,一是要做好战略性研究领域的选择,二是要做好通用技术的选择,并使之达到最优化。

从这两个定义出发就它们对技术未来发展趋势、发展走向所施加的作用方式和产生的作用效果再做些比较的话,我们可以发现两者差异非常明显。

2.作用不同

从作用方式来说,前者对技术所施加的作用主要是注意将其与经济和社会发展的需要相结合,并没有对技术的总体发展趋势、发展方向给出干预,虽然它也强调技术发展要与经济和社会需要相结合,但它只局限于解决那些在国民经济发展中必须解决的技术问题和科学技术问题,这里实际上等于给出了最小化解决经济及社会问题的价值导向;后者则不然,它对技术所施加的作用既包括科学推力,又包括经济与社会的需求拉动。如果将后者的表述简化为关键技术和通用技术两类的话,那么,关键技术主要受科学推力作用,基础研究将对其产生影响,甚至是决定性的影响,同时它能否成功地引导经济创新变革与社会转型,也将对它的合法性产生影响。至于通用技术则更多地受经济与社会的需求拉动,其次才是关键技术和科学的推动。

就其作用效果来说,由于技术的价值最终取决于市场的认同、取决于经济社会的认同,因此,技术预见的作用效果当然会比技术预测的作用效果要强。再说,技术预见是选择的结果,它承载着科学界、技术界、经济界、社会等诸多方面的期望;而技术预测并不是各界参与选择的结果,是带有客观规定性的结果。说得再具体一点,技术预见反映了人们按照自己所期望的和满意的方式去发展的意愿,尤其是人们对生活质量和生存环境不断改善的种种期望,它能够最大限度地体现人本主义、人文关怀;而技术预测还停留在趋势展望的层次上,如展望它能给经济社会提供怎样的解决问题方式。

从下定义时的背景因素来看,专家们对技术预测的界定是在东西方冷战还处在胶着状态下进行的,那个时候技术首先被用于维护国家安全,然后才是服务社会与经济,即便如此,也是局限于解决那些国民经济发展中不得不解决的问题。而专家们对技术预见的界定则是在冷战结束之后,此时世界趋向和平与发展。虽然苏联专家在讨论为什么要对技术进行预测时提出了资源有限的观点,但只有到了冷战结束和新经济崛起之后,人们对资源稀缺性问题才有了更深刻、更直接的认识,人们不得不接受这样的事实,即"有所不为才能有所为"。正因为如此,选择在技术预见活动中成了最突出、最有说服力的核心理念;但它在技术预测阶段还没有表现得如此重要,故此我们可以将二者给区分开来。这也就是我们将技术预见概括为"整体化预测、系统化选择和最优化配置"的原因所在。如果从专家们给技术预测与技术预见所下定义的定义域来做些比较的话,我们还可以发现,技术预见中技术是与科学、经济和社会联系在一起的,这里所说的技术并非独立的技术。而技术预测所谈论的技术则是相对独立的。这可以从苏联专家将预测分层处理的做法中得到验证。他们所做的预测实际上包含 3 个层次:其一是科学预测层次,其二是科学技术预测层次,其三是技术预测层次。这也就解释了苏联专家给技术预测所下的定义为什么会显得相对单薄,技术预测的功能为什么相对单调,而本·马丁和经济合作与发展组织(OECD)给技术预见所下的定义为什么就较丰富、深刻。很明显,就是因为技术预见中的"技术"具有更丰富的内涵,而技术预测中的"技术"却异常单薄。可以说,技术预见代表着科学、技术、经济和社会整体化的发展趋势,技术预测则还处在尚未与科学、经济及社会融合,相对独立的状态之中。

总之,与技术预测对技术未来发展路径"唯一性"的假设不同,技术预见已经超越了"历史决定论",认为技术的未来发展有多个可能性,要实现某种可能性在很大程度上依赖于人们事先的意愿、预期、选择、决策、资源配置力度和方式等。

在部分学者试图将技术预见与技术预测严格区分开来的同时,也有不少学者倾向于将二者统一起来,即将技术预测视为技术预见的初级阶段。但我们认为,无论致力于将技术预见同技术预测区分开来,还是致力于将技术预见同技术预测统一起来,都是为了更好地理解什么是技术预见、什么是技术预测。同时,从技术预测与技术预见的发展脉络和各国重视程度及实践来看,技术预见无疑是当前把握世界科学技术前沿和国家战略需求的有力工具、应对国际竞争及调整国家(地区)科技发展战略和政策的重要依据。

六、技术预见的内涵与定义

目前,国际上对于技术预见的内涵解释基本相似,其中英国学者本·马丁对技术预见的定义最具有代表性,即技术预见是对科学、技术、经济和社会的远期未来进行有步骤的探索过程,其目的是选定可能产生最大经济和社会效益的战略研究领域和通用新技术。

我国学者对技术预见进行定义的相对较少,其中浦根祥等将技术预见概括为整体化预测、系统化选择和最优化配置,即在对科学、技术、经济和社会的远期未来进行整体化预测的基础上,系统化选择那些具有战略意义的研究领域、关键技术和通用技术,利用市场的最优化配置来最终实现技术发展推进的经济、环境与社会效益的最大化。该定义基于"资源稀缺论"下"社会不可能为科技提供无限的资源"的假设。杨耀武则认为技术预见的理念包括未来观、科技观、发展观、决策观、政府职能观、行动价值观共6个方面。王颖从不同角度分析了技术预见的典型模式,如从社会参与角度分为社会过程模式和专业分析模式,从不同目的角度分为科技规划驱动模式和社会需求拉动模式,从使用方法角度则分为单一方法模式和综合方法模式。刘祖云认为技术预见是国家制定和推动某项科技发展规划的重要基础,在其基础上制定规划或政策是推动这项科技进步和发展的关键,技术预见的使命不仅是预测,更是通过预测和决策,为科技在将来更好地发展和进步设计一个可行的政策框架。就企业层面的技术预见的活动来说,韩路认为企业技术预见是指企业对未来高新技术发展与应用进行系统的预测研究,它是指导企业高新技术战略规划与部署的一种方法,其目标是确定企业未来具有战略意义的技术成果领域。孟晓华则认为技术预见的内涵是通过产业界、学术界和官方的密切协作,以需求定位,确定未来较短时间内具有前瞻性、实用性、复合性的,且具有较大市场潜力,能提高企业竞争力,充分推动产业升级,赢得产业发展初发优势的一系列关键技术与通用新技术。在技术预见的定义及内涵的解释方面,国内外学者基本达成了共识,技术预见理论研究则逐渐向企业、产业等微观领域发展;在发展层次方面,则逐渐由关注技术需求向市场需求、社会需求转变。

以下是几个在技术预见领域经常被引用的定义:①英国萨塞克斯大学科技政策研究中心的本·马丁认为,技术预见是对未来较长时期的科学、技术、经济和社会发展进行系统研究,其目标是确定具有战略性的研究领域,以及选择对经济和社会利益具有最大贡献的技术群。②经济合作与发展组织认为,技术预见是系统研究科学、技术、经济和社会在未来的长期发展状况,以选择那些能给经济和社会带来利益最大化的通用技术。③亚太经济合作组织技术预见中心认为,技术预见是系统研究科学、技术、经济、环境和社会在未来的长期发展状况,以选定那些能给经济、社会带来利益最大化的通用技术和战略基础研究领域。

综合上述,我们认为,技术预见是指在对科技、经济、社会的整体化预测的基础上,按照科学系统的方法选择出未来一段时间里具有战略意义的技术领域与关键技术,再通过市场配置与必要的政府调控引导手段,完善导向、优化管理、提高效益,最终实现技术对经济、社会的贡献最大化。

第二章 国内外技术预见概述

作为一种新型的致力于将科技与经济一体化的重要手段及将各种资源进行有效组合和优化配置的宏观管理工具,技术预见在历经近1个世纪的演化之后,已日趋体制化。通过技术预见来选择"可持续、对社会经济发展影响深远的技术",把握技术的发展趋势,制定国家或地区的发展战略,以实现科学技术对社会发展的引领、促进和持续支撑作用,已成为国内外的共识。

技术预见这一概念诞生于英国,在欧洲范围内获得了较为广泛的应用,并在美国得到了广泛的研究,而其在亚洲国家中被研究与应用得还相对较少,表2-1是美国及欧洲、亚洲技术预见重点研究主题分布情况的归纳。

表 2-1 美国、欧洲和亚洲技术预见重点研究主题统计

项目	美国	欧洲	亚洲
功能	战略决策、创新、研发、政策、风险	战略决策、创新、研发、政策、风险	战略决策、研发、政策、风险
应用领域	可持续发展、环境、能源、气候变化、纳米技术、ICT、政府、财政、产品与产量	可持续发展、环境、能源、气候变化、纳米技术、ICT、经济、政府、农业、洪水、食品、产品与产量	产品与产量、中国问题
方法	情景分析	德尔菲、模型、情景分析、重叠模型、专家小组、社会网络分析	德尔菲、情景分析、专利、文本挖掘

一、国外技术预见概述

经过多年的发展运用,技术预见已经为多个国家与国际组织所应用。

如表 2-2 所示,世界上已开展技术预见活动的国家与国际组织至少有 47 个,覆盖发达国家与发展中国家,跨越六大洲。

表 2-2 已经开展技术预见活动的国家与国际组织

跨国组织	联合国工业发展组织(UNIDO)		联合国粮食及农业组织(FAO)
	欧盟(EU)	经合组织(OECD)	亚太经合组织(APEC)
欧洲国家	瑞士	丹麦	德国
	保加利亚	芬兰	法国
	希腊	英国	爱尔兰
	以色列	意大利	马耳他
	荷兰	挪威	俄罗斯
	瑞典	斯洛伐克	西班牙
	奥地利	土耳其	匈牙利
	波兰	罗马尼亚	
北美洲国家	加拿大	美国	墨西哥
南美洲国家	阿根廷	巴西	智利
	委内瑞拉	哥伦比亚	
亚洲国家	中国	印度	日本
	菲律宾	韩国	伊朗
	泰国		
非洲国家	南非	尼日利亚	
大洋洲国家	澳大利亚	新西兰	

1.日本技术预见

日本在全球技术预见发展史上占有重要的地位,它是世界上技术预见活动开展最系统最完善的国家。日本科技厅早在 1971 年就在全国范围内成功地进行了第 1 次技术预见活动,这标志着日本成为世界上第 1 个运用德尔菲法在国家层面进行全国范围技术预见活动的国家。自 1971 年开始,由日本科技政策研究所主持的技术预见活动,每 5 年开展 1 次。至 2019 年,日本已完成了 11 次技术预见。

日本技术预见的总体思路是,以政府组织为核心、来自各领域的专家为依托,通过政府科技咨询机构进行分工管理。最终报告提交给内阁科学技术会议,为各级政府部门制定科技政策提供依据。

日本技术预见具有相当高的可信度,它受到日本企业、政府广泛认同。随着技术预见理念深入到国家高层,政府部门如工业部门的中观层面的技术预见,公司、机构组织的微观层面的技术预见都迅速开展起来,日本初步建成了国家技术预见体系。

经过近50年的不断发展和完善,日本的技术预见已成为一种比较成熟、规范和可以效仿的基础调查工作方式,其预见结果不仅广泛应用于政府制定的科技发展战略和计划之中,而且为企业、高校和研究机构提供了未来技术发展的全面信息。

2. 美国技术预见

早在第二次世界大战期间,技术预见的前期研究——技术预测就开始在美国出现。第二次世界大战以后,科学技术迅猛发展,技术发展的不确定性越来越强,预测难度也越来越大,因此出现了新的技术预测方法,其中以兰德公司的德尔菲法最著名。20世纪70—80年代,美国认为"科技发展要顺其自然",技术预测在国家技术政策制定方面的指导作用逐渐弱化。1989年美国国家关键技术委员会成立,依托兰德公司,通过专家研讨会方式开展关键技术预见,并向美国总统和国会提交双年度的《美国国家关键技术报告》,这一活动一直持续到2000年。2022年,美国白宫国家科学与技术委员会发布《先进制造业国家战略》。该战略报告概述了发展经济、创造高质量的就业机会、增强环境可持续性、应对气候变化、加强供应链、确保国家安全、改善医疗服务等七大远景,并制定了之后4年美国先进制造业发展的三大战略目标、11个战略子目标和37项具体建议,旨在强化美国先进制造业的全球竞争力,确保美国先进制造业在全球的领先地位。

美国联邦政府的许多部门也对预测工作十分重视,如国防部从2011年开始实施"技术监视和地平线扫描"项目,通过挖掘专利与文献数据,跟踪技术萌芽、筛选颠覆性技术;商务部每年发布《美国工业展望》,内容涉及经济预测、科技发展及科技对经济和社会发展的影响等。

此外,华盛顿大学、巴特尔研究所等一些机构也开展了技术预见研究。

3. 德国技术预见

在欧洲,德国首先开展体制化的技术预见活动。

1992年,德国启动了名为"预见21世纪初的技术"的技术预见项目,弗劳恩霍夫系统与创新研究所统筹整个技术预见工作,最终形成100余项关键技术清单。

1993 年,德国弗劳恩霍夫系统与创新研究所和日本科学技术政策研究所联合开展第 1 次技术预见活动,采用日本第 5 次技术预见的德尔菲调查问卷首次对 16 个领域的 1146 个技术课题进行调查。1994 年两国进一步合作开展了小型德尔菲调查,调查选择材料与加工、微电子和信息社会、生命科学和健康、环境等四个领域开展,调查过程双方同步进行,调查结果由双方共享。

1998 年完成的德国第 2 次技术预见活动与第 1 次有了很大的区别,从德国的实际出发选择了技术预见领域,同时增加了同日本第 6 次技术预见活动比较的内容。德国第 2 次技术预见活动发布了《Delphi'98》报告,1998 年的研究已经是真正意义上的有德国特色的技术预见。

2001 年,德国联邦教育与科研部启动"未来德国研究对话"技术预见活动,该轮技术预见活动经历三个阶段,每个阶段结束后都组织相关机构对其效果进行评价,研究成果被德国联邦教育及研究部采纳执行。

2007 年,德国联邦教育与研究部启动新一轮预见活动"Foresight Process",本次技术预见分两个阶段进行。2007—2009 年开展了第一阶段技术预见,预见重点是科学技术领域。2012—2014 年,进行了第二阶段技术预见,预见重点是社会发展及挑战,主要聚焦 2030 年社会和科学技术的新发展,特别是健康、科技创新、教育、经济、政治等领域,着眼于找出 2030 年之前德国将要面对的全球性社会挑战。

德国在进行技术预见活动时,除了采用德尔菲法外,还提出了新技术早期预警体系等重要概念。在近 10 年的技术预见研究活动中,德国在这方面积累了丰富实践与理论经验,并在与其他国家技术预见对比研究中发现:在开展技术预见活动时,不仅要以技术为发展导向,还要以市场需求为导向,两者缺一不可。

4.英国技术预见

英国是欧洲较早开展技术预见活动的国家之一。英国政府在 1993 年发布《实现我们的潜力》科学技术白皮书,提出要实施技术预见计划。1994 年英国科学技术办公室组织启动首次技术预见计划。此次技术预见活动最终确定了 27 项优先发展的技术,并在随后几年的实施应用过程中取得了很好的社会效果。

1999 年英国启动第 2 次技术预见计划,并把提高国民生活质量和实现社会经济持续发展作为该轮技术预见项目的主要目标,预见内容也从单纯的技术预见领域转向经济与社会发展的各方面。在英国第2轮技术预见活动中,各地方政府都组织了自己的专家队伍,根据本地区技术、市场的特点和优势,有针对性地开展了一系列小型预见活动。在英国第2轮技术预见活动中,教育及社会参与被提高到前所未有的高度,各国开始注意到英国技术预见在这方面取得的成绩。

2002年英国启动第3次技术预见计划,与前2次相比,这次又有较大变化,它采用情景分析、德尔菲调查、专家座谈等方法,重点为公共政策制定提供支撑。

继3次技术预见后,英国又在2010年启动"技术与创新未来"的技术预见研究,意在帮助政府在长远考虑和解决当前紧要问题之间找出平衡点,并于2010年、2012年、2017年发布了3次技术预见报告。

5.法国技术预见

在法国,技术预见可分为"德尔菲调查"和"关键技术选择"两种形式。"德尔菲调查"由高等教育与研究部负责,是以推动科技长期发展为导向,通过国际比较与深度分析,识别并预测全球科技趋势;"关键技术选择"由工业部领导,是以短期的产业发展为导向来引导科技发展。

法国在进行技术预见活动时重视情境分析、交互作用矩阵分析,广泛的社会互动使得法国技术预见得到了社会各界的支持。同时法国的技术预见以国家为主导,政府制定计划受到了社会的广泛重视。另外由于执行单位比如工业部,在权利以及预算方面都给予技术预见活动明确的支持,所以法国技术预见成果的落实效果普遍比较好。

6.韩国技术预见

韩国也较为系统地开展了预见实践。根据科技行动框架法的规定,韩国国家技术预测每5年进行一次。1994年韩国开展第1次技术预见活动,技术预见工作由韩国科学技术政策研究所(STEPI)落实,调查了未来20年(1995—2015)中1174项技术的重要性、实现时间和技术水平,并确定了阻碍和促进未来技术发展的主要因素。

1999年韩国开展第2次技术预见活动,此次预见最初由韩国科学技术政策研究所负责,其后转由韩国科学技术计划评价院(KISTEP)负责,此次预见周期从第1次的20年延长至25年,即从2000年到2025年,并确定了1155项未来技术。

2004 年韩国开展第 3 次技术预见活动,内容涉及从 2006 年到 2030 年间 8 个领域的 761 项未来技术。2007 年韩国开展了第 1 次技术预见结果"回看"活动,根据 1994 年第 1 次技术预见活动的结果,对 2010 年存在的 1109 项未来技术进行预测和评估,发现有 470 项技术得到充分实现、331 项部分实现。

2012 年韩国开展第 4 次技术预见活动,技术预见时间跨度同样为 25 年。本次活动预测了到 2035 年可以在技术上实现或社会上接受的技术,以及可能对科技、社会或经济产生重大影响的技术。

2016 年韩国开展第 5 次技术预见活动,此次技术预见活动综合采用多种方法分析社会关注的热点问题,形成"热点问题群",如采用知识图谱分析法研究技术领域之间的关联性,把握各研究领域发展趋势,遴选出面向 2040 年的社会基础设施、生态环保、机器人、生命与医疗、信息通信、制造融合等 6 个领域 267 项未来技术。

韩国开展技术预见活动的目的是通过增强科技能力来提高韩国的工业竞争力。作为一个工业化国家,韩国意识到技术对于本国立足于世界的巨大作用。在韩国,不论是国家层面的技术预见还是私人企业的技术预见,科技资源都被视为重要的生产资料来对待,所有的技术预见都是为了将国家发展、工业进步、私人企业壮大紧密相连,实现共同发展。

二、国内技术预见概述

技术预见是产业创新和技术创新的重要基础,对产业技术发展具有导引作用。技术预见作为一种系统化预见的科学体系,由于其充分考虑到了科技、市场及经济的双向作用,可以通过确定市场对技术需求的优先序列而确定产业发展的目标,也可以通过技术壁垒分析而实现技术突围,最后实现产业升级目的。雷仲敏等认为技术预见作为一种决策模式,它促进了产业集群内部企业间的联盟,通过提供"政产学研"交流的平台,完善了产业集群链的发展,加大了产业集群内部核心企业以及配套企业的技术创新能力。鲁兴启认为技术预见为推动区域产业的技术发展提供了特殊的技术支持,区域内的技术预见要把握好国家、本地的技术态势,通过协调好核心技术、关键技术、共性技术,因地制宜、因势利导地确定区域内产业技术的发展。张志耀提出区域技术预见活动是为产业发展服务的,在区域内技术选择过程中应遵循城市定位与产业一致、地域分工及经济稳步发展的原则,并以青岛为例建立了基于产业发展贡献、竞争能力、发展潜力的优先发展选择评价的层次指标体系。孟晓华认为高科技产业群的技术预见中要注重"需求定位",其理念应由关注技术推动向关注社会、科技产业发展的重心转移,预见领域和项目要不断横向拓展和纵向深化,体现对技术与经济的整合。随着技术预见方法体系的引入和逐渐完善,我国许多省份都开展了相关的技术预见研究,其中上海市首先开展了技术预见的实证研究。李红、刘继云等用德尔菲法、聚类分析法及相关分析法对上海市的一些科技发展重点技术领域进行了技术预见的实证研究,拓展了技术预见的方法体系,并提出调查问卷的设计要有科学性、专家要有代表性、统计方法要有多样性,要调动公众参与等建议。邱立新采用统计分析法和综合指数法处理德尔菲调查问卷,对青岛高新技术产业优先发展领域进行了技术预见的研究。秦晓海等采用基于 WEB 的技术预见方法对江西有色金属产业网络进行调查和分析,该方法不仅能够全面快捷地获取和分析专家意见,还能及时地跟踪和维护专家网络。除此之外,还有一些学者通过综合利用定性和定量方法实现了区域内的技术预见研究,如我国的新能源产业、北京和上海的医药产业等。

总之,我国一些省份及产业的技术预见研究较多,其中定量方法的应用越来越多,但大多还处于理论研究阶段,具体预见结论能否纳入产业发展规划和政策还有待证明。表 2-3 是我国国家层面技术预见实践一览。

表 2-3　中国国家层面技术预见实践一览表

项目名称	项目实施时间	主要承担机构	预见时长
国家关键技术选择	1992—1995 年	国家科学技术委员会(简称国家科委);中国科学技术促进发展研究中心/中国科学技术信息研究所	—
未来十年中国经济发展关键技术	1993—1997 年	国家计划委员会;国家科委;国家经济贸易委员会	未来 10 年
国家重点领域技术预测	1997—1999 年	科技部	—
我国高新技术领域技术预测与关键技术选择研究	2003—2005 年	科技部	未来 10 年
中国未来 20 年技术预见研究	2003—2005 年	中国科学院高技术研究与发展局;中国科学院科技政策与管理科学研究所	未来 20 年
中国至 2050 年重要领域科技发展路线图	2007—2009 年	中国科学院	至 2050 年

续　表

项目名称	项目实施时间	主要承担机构	预见时长
"十三五"科技规划研究	2013—2014 年	科技部;中国科学技术发展战略研究院	未来5—10 年
中国工程科技 2035 发展战略研究	2015 年启动	中国工程院;国家自然科学基金委员会	未来 20 年
支撑创新驱动转型关键领域技术预见与发展战略研究(新时代"中国未来 20年技术预见研究")	2015 年启动	中国科学院科技战略咨询研究院	至 2035 年
第 6 次国家技术预测	2019 年启动	科技部;中国科技发展战略研究院	至 2035 年

1992 年,国家科委组织开展"国家关键技术选择"研究,完成《国家关键技术选择研究》,首次界定了国家关键技术的定义、特征和选择原则,选出信息、生物、制造和材料领域中的 241 项关键技术,124 个重点项目。

1993 年,国家计委组织开展关键技术选择,发布了《九十年代我国经济发展的关键技术》。

1997 年,国家计委在分析"90 年代我国经济发展的关键技术"实施效果和未来 15 年经济社会发展目标与世界科技发展趋势基础上,发布了《未来十年中国经济发展关键技术》。在关键技术选择实践中,国家关键技术选择的方法得到了试验和发展,为此后的国家技术预见和区域技术预见实践提供了借鉴。

1999 年,国家科委组织开展的"国家重点领域技术预测"研究被认为是第 3 次国家技术预见,也是我国技术预见活动的方法系统化、国际化的开端。此次技术预测选择农业、信息和先进制造三大领域,采用德尔菲调查,组织了 120 名专家对技术发展进行咨询调查。通过两轮调查、分析评价及反复论证,最终选择出 128 项国家关键技术。这次技术预见活动积累了技术预见理论方法与实践经验,培养了一批专门从事技术预测研究的人才队伍和专家网络。

2003 年,科技部组织开展了第 4 次国家技术预测,对信息、生物、新材料、能源、资源环境、先进制造、农业、人口健康、公共安全 9 个领域进行了技术预见,选择出 120 多项国家关键技术,为中国中长期科技规划和"十一五"科技规划的制定奠定基础。

2013 年,科技部组织开展了第 5 次国家技术预见,对信息、生物、新材料、制造、地球观测与导航、能源、资源环境、人口健康、农业、海洋、交通、公共安全、城镇化 13 个领域进行了技术预见,选出 100 项核心技术和 280 项领域(行业)关键技术。从科技整体状况、领域发展状况和重大科技典型案例等方面分析了中国与世界先进水平的差距,客观评价了中国技术发展水平,为国家"十三五"科技创新规划制定提供了支撑。

2019 年,为支撑新一轮中长期科技发展规划(2021—2035 年)的编制,科技部启动了第 6 次国家技术预见工作。本次技术预见重点工作是明确我国当前重点领域关键技术现状、预见未来 5—15 年经济社会发展需要的技术、提出国家未来技术选择建议,聚焦"16＋1"共 17 个技术领域,包括信息、生物、新材料、制造、空天、能源、资源、环境、农业农村、食品、海洋、交通、现代服务业、公共安全、人口健康、城镇化与城市发展,以及前沿交叉领域的发展。

1.上海市技术预见

上海市技术预见计划于 2001 年 1 月正式启动,由上海市科委领导,上海市科学学研究所具体承担。上海技术预见围绕信息技术、生物制药、先进材料、先进制造与自动化、环境保护、现代农业、能源、交通等八大领域,分短期、中期、长期三个时间段展开。2002 年 8 月,"上海科技重点领域技术预见工作研究"课题组经过一年半的工作,完成了预期的阶段性研究成果——《上海技术预见报告》。此后每 5 年一个周期进行技术预见研究。

上海技术预见的总体目标为立足上海科技、经济与社会的长远发展,跟踪、分析与评价国内外技术发展前沿,选择那些能够为上海的经济与社会发展带来最大化贡献的关键技术和通用技术,为国民经济和社会发展五年规划制定年度科技指南提供参考依据。技术预见方法上主要是德尔菲调查、专家访谈以及讨论会组织方法的综合运用,重视 SWOT(强势与弱势、机会与威胁)分析和 STEEP 分析(社会、科技、环境、经济、政治)。在德尔菲调查中注重四种类型专家——基础研究型、应用研究型、市场开发型和市场运作型专家的合理分布,向被邀请专家发正式聘请证书。

2.北京市技术预见

2001 年北京市科委首次组织信息和材料两个领域的技术预见,开始了北京市的技术预见工程。中国科学院科技政策和管理科学研究所承担了北京市软科学项目——北京技术预见行动计划,北京市大规模的技术预见展开。2005 年 9 月,北京市科委联合有关委办局、区县开展"十一五"时期北京市经济社会发展科学需求调研工作。2006 年下半年,为了继续深入并制度化需求调研工作,保证重大需求得到切实的科技支撑,北京市科委启动了"需求分析与技术选择试点研究"工作。2007 年根据试点的经验,北京市科委组织开展了 44 个"需求分析与技术选择"软科学课题研究,建立"五年全面需求调研＋每年需求分析与技术选择项目研究＋主持单位实施"的系统工作机制。

2005 年以前北京市技术预见构建"政产学研"互动平台和沟通协调机制,使各方对于未来技术发展趋势及其作用形成共识,并据此调整各自的战略。北京市作为首都的地位,一定程度上决定了北京市的技术预见带有国家层面的影子。承担北京技术预见行动计划的中国科学院科技政策和管理科学研究所后又承担了知识创新工程重要方向项目"中国未来 20 年技术预见研究"。2005 年后,北京市开始把需求与技术选择紧密结合在一起,北京市技术预见成果的社会应用性质得到了突显,技术选择成为北京市科委项目管理的必备程序。

3. 广州市技术预见

2003 年广州市生产力促进中心受广州市科技局委托,完成《广州市重点领域技术预见报告》,广州市第 1 次技术预见顺利完成。广州开展的技术预见主要以科技主管部门为主导,科技供给为主,兼顾社会与市场需求,短期技术预测与中期技术预见同时进行。

广州市技术预见受广州市政府的政策导向而进行。尽管广州市已经在软件、移动通信和生物制药等领域拥有一定的技术能力,但是社会广泛拥有的大部分都是国外引进技术,因此广州市政府已经将生物工程技术和中药现代化列为重点发展领域,那么如何选择适应广州市的技术和产业亟待解决。在广州市技术预见成果《广州市重点领域技术预见报告》中,给出了到 2010 年广州在医药、新材料、电子信息技术等领域一些最需要关注的关键技术。

4. 中国科学院技术预见

2003 年,中国科学院组织开展"中国未来 20 年技术预见研究",在选择的 8 个技术领域(信息、通信与电子技术,先进制造技术,生物技术与药物技术,能源技术,化学与化工技术,资源与环境技术,空间科学与技术,材料科学与技术)的未来 20 年应重点发展的关键技术及系列相关问题开展了大规模德尔菲调查。研究成果在《国家中长期科学和技术发展规划纲要（2006—2020年）》和《中国科学院"十一五"规划》中得到应用，为科技决策制定提供了有力支持，并公开出版了《中国未来20年技术预见》《中国未来20年技术预见（续）》《技术预见报告2005》《技术预见报告2008》等报告。

2015年，中国科学院启动"支撑创新驱动转型关键领域技术预见与发展战略研究"，开展了新一轮着眼于2035年的新时代"中国未来20年技术预见研究"，聚焦先进能源、空间、信息、生命健康、生态环境、海洋等重点领域，在分析世界创新发展格局演进趋势的基础上，从创新全球化、制造智能化、服务数字化、城乡一体化、消费健康化和环境绿色化六个方面勾勒了2035年中国创新发展愿景，引导技术选择。

5.中国工程院技术预见

2015年，中国工程院和国家自然科学基金委员会联合组织开展"中国工程科技2035发展战略研究"项目，项目目的是研究确定中国工程科技2035发展目标、重点发展领域、需突破的关键技术、需建设的重大工程以及需要优先开展的基础研究项目，为国家工程科技以及相关领域基础研究的系统谋划和前瞻部署提供咨询服务。

2021年，中国工程院与国家自然科学基金委员会联合组织开展《中国工程科技未来20年发展战略研究（2021—2040）》，旨在站在新的历史起点上，通过分析未来20年世界工程科技的发展趋势以及我国经济社会发展重大战略需求，研究确定面向2040年我国工程科技的发展目标、重点发展领域、需突破的关键核心技术、需开展的重大工程以及需要优先开展的基础研究项目，为国家工程科技发展以及相关领域基础研究的系统谋划和前瞻部署提供支撑。

第三章 技术预见的方法

一、常见方法

技术预见方法论系统集成与创新已经成为技术预见活动的重要目标和成功标志。在技术预见中,技术预见过程一般要经过预见前期、实施预见和预见后期3个主要阶段。各国、各地区在技术预见过程中逐步发展和改善了符合自身实际的研究方法,系统集成了德尔菲法、情景分析法、顶层设计法、SWOT分析法、技术路线图法、愿景分析法、层次分析法、专利分析法、文献分析法和经济分析法等预见方法。如表3-1所示,各类技术预见方法都有其适用性和局限性,需要改进和创新,以提高不同层面技术预见的准确度和影响力。

技术预见是国家及区域层面实现竞争能力提升的重要手段,在技术预见进入我国的几十年中,其理论方法及实证研究逐渐开展并取得了较大的成就,为我国科技、经济、社会的一体化发展发挥了重要作用。在理论方法体系中,技术预见实现了由德尔菲法、情景分析法等定性方法研究到文献、专利分析等定量方法研究,再到定性及定量多种方法相结合的研究范式的转移,丰富了我国技术预见理论方法体系,使技术预见的研究克服了定性方法的局限性,从而变得更加科学和客观。在应用研究领域内,技术预见渗透到了我国科技发展的每一个角落,无论是在科技管理、创新体系、还是产业发展领域,技术预见方法体系研究都有效支撑了我国科技政策及规划的完善、区域创新体系的建设和产业技术的快速发展。

表 3-1　技术预见常见方法

主要方法	拟解决的问题
顶层设计法	组织体系、方法体系、专家体系、领域与子领域、技术领域
德尔菲法	专家预测自己熟悉的技术
文献分析法	查阅各学科、领域科学论文
专利分析法	查阅各学科、领域科学专利
情景分析法	寻找发展规律、分析发展趋势
技术路线图法	绘制关键技术路线图
愿景分析法	展望未来目标
头脑风暴法	激发创造力和新颖观点
层次分析法	对领域、子领域交叉学科等分类
指标分析法	明确评价、预测指标体系
经济分析法	确定技术、经济指标
标杆法	技术评价标杆
SWOT 分析法	分析优劣势

1.德尔菲法

德尔菲法(Delphi Method)是一种反馈匿名征询法。

作为最重要的技术预见研究方法之一,德尔菲法应用非常广泛。20世纪 50 年代,德尔菲法首次应用于军事研究;1964 年,美国兰德(RAND)公司首次将德尔菲法用于技术预测中。发展至今,以德尔菲法为主的技术预见活动在许多国家广泛开展。简单来讲,德尔菲法就是以不记名的方式征询专家对某类问题的看法。此项调查需进行多轮(至少 2 轮),一般需要将前一轮的调查结果反馈给下一轮的征询专家,经过几次反馈,使大多数专家的意见趋向集中。

德尔菲法又被称为经典德尔菲法,在实践中演变出许多不同的类型。例如:大规模德尔菲法、市场德尔菲法、模糊德尔菲法、混合德尔菲法(指德尔菲法与层次分析法或其他方法的组合)等。这些方法在技术预见中有过大量的应用。例如日本、德国、法国、韩国、泰国、澳大利亚和新西兰等国家都采用过这些方法,涉及的领域有现代农业、先进制造业、生物技术与医药、信息技术、光机电一体化、新材料、环境保护、能源与交通等方面。

德尔菲法的一般工作程序如下：

①成立专门的德尔菲调查委员会,确定调查目的,拟定调查提纲;

②成立专家小组,确定调查问卷领域和主要内容;

③选择一批领域内专家,以通信方式发出调查问卷,征询意见;

④对返回的意见进行归纳综合、定量统计分析,再将其寄给有关专家,如此经过多轮反复(至少 2 轮),使意见比较集中,之后进行数据处理并综合得出结果,再次与专家讨论,确定最后结论。

德尔菲法依赖专家的主观判断与评估,其精确性取决于专家意见的集中程度。因此,准确地确定调查领域及条目,合理地设计德尔菲调查问卷,广泛而有效地选择参与德尔菲调查的专家将是德尔菲法成功的关键。

德尔菲法的实施者不仅要提出问题,还有向被调查者提供信息的义务。

德尔菲法的运用存在一系列的假定与条件,如:

①由专家运用经验、知识预测未来的方法比较有效;

②参与专家之间历史上没有过多的交流;

③参与专家的背景具有多样性;

④因为参与人数等条件限制使得通过会议交流意见变得不现实;

⑤群体决策存在缺点,声音大或地位高的人有机会控制群体意志;

⑥争执令人讨厌。

德尔菲法区别于其他预见方法的 3 个主要特征是:匿名性、多次反馈和统计回答。德尔菲法根据被调查人数、专家结构、问卷设计、调查程序、导向与定位等因素的差异,又演化为传统德尔菲法、大规模德尔菲法、市场德尔菲法等类型。

2. 头脑风暴法

头脑风暴法(Brainstorming Method)又称智力激励法。

头脑风暴法是指通过组织一定数量的专家共同开会讨论,开展信息交流和论点启发,激发各自的创造性思维。其基本思想是,若要得到有价值的设想,首先要提出较多的设想,设想的数量越多,获得有价值的创造性设想的概率就越大。

根据讨论方向的不同,头脑风暴又可以分为创业头脑风暴和质疑头脑风暴。创意头脑风暴就是根据预见主题,让与会专家自由发表意见,集思广益,提出课题的具体解决方案;质疑头脑风暴是针对已制定的计划方案,通过专家会议进行集体讨论评判,指出其中不合理或不科学的部分,使得研究方案更趋于合理化。

头脑风暴法的组织原则：

①被挑选的专家最好彼此不相识；

②主持者要进行有效诱发，创造一个畅所欲言的自由发言环境；

③鼓励专家对已提出的方案进行改进和综合；

④头脑风暴的主持者最好委托给熟悉程序和处理方法的预见战略专家。

头脑风暴法的主要优点是：能通过思维共振，激发创造性思维；获取的信息量较大，提供的方案比较全面和合理。主要缺点是：容易受到权威和社会心理因素的影响，参与者容易随大流，对不同意见和批评性意见，往往不能开展有效讨论和辩论；易受表达能力的限制，高明而有创造性的意见会因表达欠佳而影响效果。

3. 情景分析法

情景分析法（Scenario Building）是从 20 世纪 50 年代逐渐兴起的一种预测技术，是指在经济、社会或技术持续性假设的基础上，对未来可能出现的情况进行推理和描述。

该方法是一种适用于中期和长期规划的战略工具，在各种假设前提下综合考虑各种可能出现的偶然因素，通过描述出现可能性较高的未来情景来帮助规划者更好地了解某一个研究领域未来发展的潜在路径。

情景分析法是一种定性和定量相结合的方法，定性部分主要包括专家结论、技术发展的关键影响因素中无法定量分析的部分（如政治稳定性）等；定量部分主要包括判定结果的定量分析、关键影响因素发生概率的计算（如经济发展速度、企业研发速度）和情景概率的计算等。用情景分析法分析未来发展趋势时，关键在于把握好未来变化过程中的主要驱动力量。而专家则是主要驱动力量识别的关键因素。

情景分析法运用于技术预见通常分 4 个阶段：

①明确目标，搜集信息；

②进行详细分析，确定先决要素和必然因素，确定影响未来趋势的关键因素；

③构建 3—4 个场景，分析其发展状况，进一步描述未来变化的整体情景；

④为跟踪监测计划目标确定最主要的参数，监测目标实现。

情景分析法一般适用于下述情况的预见活动：

①大幅度的时空环境；

②环境的高度不确定性；

③外在环境高度复杂；

④不需要估计未来的逐年数值；

⑤预见与方案评估相关联,情景能够评估某方案在不同情况下的可能效果。

与传统的预测相比,情景分析法更侧重事物发展的内在机理性与规律性、动态性、系统性,在探讨和制定未来发展战略、对策、规划及政策措施等方面得到了应用,并取得了较好的效果。

4. 技术路线图法

技术路线图(Technology Road Map)是一个过程工具,该方法根据文献和市场调查,利用视图工具反映技术及其他相关因素的发展路径,勾画出某个产业领域技术的历史和未来发展脉络与趋势,帮助识别行业或企业未来所需的关键技术,以及获得执行和发展这些技术所需的项目或步骤。

技术路线图也是科技政策制定过程中的重要应用,其不仅可以整合各类利益共同体的观点,还可以使人们更好地把握技术发展的规律,提升其技术预见的正效应。

徐磊在分析德尔菲法和技术路线图法优缺点的基础上,发现将两者的应用融合在一起不仅可以预测未来技术的发展,还能起到描绘未来社会发展愿景的作用。

叶继涛认为技术路线图预见法就是把技术预见的基本理念、基本假设和原理应用到技术路线图中来,融合专利、产业经济和相关政策信息,使预见的趋势、需求和聚焦的重点可以用图示来表示,使技术预见更加具备科学性、灵活性和可操作性,并提出在完善技术预见方法体系方面要加强文献计量、专利地图、情景分析及专家组的配合使用。

技术路线图应用范围一般分为公司层面和产业层面。技术路线图法最早出现于美国汽车行业,并在其他行业得到广泛应用,产生了深远影响。英国、加拿大、韩国等国家研究使用这种方法,预见未来的技术走向并选择发展领域。

技术路线图法与以往规划和分析工具方法理念上的不同：

①以"市场拉动"为动因,技术创新须满足企业进入未来市场的需求;路

线图不以"技术推动"为动因,不是关于现存技术有何作为的预见工具。

②基于公司或产业的愿景视野,以及到达目的地需要的技术。

③提供了一个到达愿景目标的路径,从当前指向未来,可以帮助公司或研发机构识别、选择和开发正确的技术,使之在未来的市场中有恰当的产品。

5. 文献计量法

文献计量法(Bibliometrics)是一种利用出版物的历史数据(例如专利、科学论文、新闻等)作为科学或技术活动指标的分析方法。

作为一种定量的技术预见方法,文献计量法通过分析文献数据库中的客观信息来探索技术的隐藏模式,并预测其未来的发展趋势。技术创新的实现或可见性首先应该是在科学领域建立的,文献计量法可以通过分析科学论文、专利以及相关引文数据推断研究领域或技术的发展阶段,进而推断它们未来的发展方向。

技术创新是遵循一定的生命周期的,在技术萌芽阶段,论文或专利出版物的体量和增长率都比较低;随着创新在生命周期中进入应用研究阶段,出版物数量和增长率均不断增长;随着生命周期的发展,技术逐渐进入公共领域,如报纸、商业和大众媒体等。因此我们可以通过文献出版物的信息评估一项技术的当前发展状况,并且可以根据分析结果和技术研发的不同阶段制定研发战略和政策。

文献计量分析常用的聚类分析方法主要分为引文分析法和主题词分析法,其中引文分析法作为主要方法应用最为广泛。引文分析法根据文献间的引用关系又分为共被引分析法、直接引用法和文献耦合法,其中共被引分析应用最为广泛。常见的文献计量分析软件如 Citespace、VOSviewer 等均采用了文献共被引分析原理作为理论依据。主题词分析法主要作为引文分析法的辅助手段出现,主要分为词频分析法和共词分析法。

以专利分析为例:

专利分析(Patent Analysis)是指跟踪、研究、分析某一领域的专利发明,通过对特定技术领域的专利数量进行统计,分析其产生的关联效应,判断其对未来技术发展的影响。随着信息技术的发展,专利查询变得相对简单,可以通过专利文献检索详细分析某个技术领域中专利分布情况和动态的发展趋势,画出"专利地图",根据各个领域专利集中度来判断技术未来的发展趋势。

专利分析可以获得以下各方面的信息：

①技术信息。利用专利分析可评估技术先进性、发现可供选择的技术资源、发现改进现有产品和工序的可能性、发现解决特殊技术问题的方法或途径。

②产业发展现状信息。专利资料反映了产业内最新的研究发明成果，监测最新公布的专利文件中的关键信息是了解产业发展动向的较好途径。

③技术发展的背景信息和关键信息。专利文件及审查研究报告可能引用到与新发明有关的专利和文献，这些补充性信息可提供某一技术发展的基本背景信息；而通过申请文本和图纸，可能会发现产生新思想的细节。

④有关技术领域的状况信息。通过专利查询，可以了解哪些技术人员、企业和国家处于该领域的技术前沿，在从事相关领先技术的研究；可以了解哪些是重要性正在上升的技术、哪些是重要性正在下降的技术。

⑤研究开发及技术产业化的信息。专利分析可以了解开发某一水平的专利需要的时间和投入、某一技术从研究开发到商业化所需的时间和投入、从事某一研究开发的有效组织等内容。从某一时期内、某一企业专利数量和种类的分析中了解人们对某一类技术的持续偏好和投入，就可以预见其未来的发展方向。

专利分析法在我国台湾等地区的技术预见实践中已得到了应用。

6. SWOT 分析法

SWOT 分析法又称为态势分析法，它是由美国旧金山大学的管理学教授于 20 世纪 80 年代初提出来的。其中，S 代表 strength（优势），W 代表 weakness（劣势），O 代表 opportunity（机会），T 代表 threat（威胁），S、W 是内部因素，O、T 是外部因素。

SWOT 分析法将与研究对象密切相关的各种主要内部优势、劣势、机会和威胁等，通过调查列举出来，并依照矩阵形式排列，然后运用系统分析的思想，把各种因素相互匹配起来加以分析，从中得出一系列相应的结论，而这一系列结论通常带有一定的决策性。

运用这种方法，可以对研究对象所处的情景进行全面、系统、准确的研究，从而根据研究结果制定相应的发展战略、计划以及对策等。从技术预见的角度看，SWOT 分析法有利于找出对本国家（地区）在社会、经济、科技发展方面有利和不利的因素，能够将技术发展中的问题按轻重缓急分类，明确哪些属于战略目标上的障碍、哪些属于战术上的问题，以此选择和确定未来科技发展的重点方向。

7. 趋势外推法

趋势外推法（Trend Extrapolation）又称"历史资料延伸预见法"，是根据过去和现在的发展趋势推断未来的一类方法的总称，用于科技、经济和社会发展的预测。趋势外推的基本假设是：未来是过去和现在连续发展的结果。趋势外推法是指在对研究对象过去和现在的发展做了全面分析之后，利用某种模型描述某一参数的变化规律，然后以此规律进行外推。为了拟合数据点，实际中最常用的是一些比较简单的函数模型，如线性模型、指数曲线、生长曲线、包络曲线等。

应用趋势外推法进行预测，主要包括以下 6 个步骤：

①选择预测参数；

②收集必要的数据；

③拟合曲线；

④趋势外推；

⑤预测说明；

⑥研究预测结果在制订规划和决策中的应用。

应用趋势外推法建立技术预见模型，要求做到：

①历史数据与逻辑推理相结合；

②选择的参数有代表性、全面性、客观性和准确性；

③运用多种方法相互检验，以确定参数值；

④由于趋势外推法更多地考虑技术的供给发展趋势，技术预见本身要考虑社会市场需求情况，应根据供求关系对模型做相应的限定。

对德尔菲法、情景分析法、技术路线图法及文献计量法等的优缺点进行对比分析，可以更好地了解这些方法的适用范围。

四种主要的技术预见方法均有优点和不足，适用性各异。例如，德尔菲法作为一种经典的技术预见方法，被广泛应用于各种层面的技术预见活动，但是由于专家调查表对预测结果的影响较大，调查条目的遴选标准往往不易把握。而文献计量法可以通过客观数据弥补其缺点，使得预见结果更具科学性。二者结合可有效提高准确性和可信度。因此，决策者不仅需要了解不同预见方法的目的、假设、局限性、使用时间和操作程序，而且还需要考虑将多种互补的预见方法结合起来以提高结果的可信度和有效性。

8.多种方法组合

根据技术预见活动的不同阶段和不同任务目标,选用适宜的技术预见方法是保证其科学性和有效性的关键之一。当前,技术预见方法的组合和集成研究是国内外的一个研究热点和趋势。在具体方法的选择上,技术预见方法在已开展的技术预见活动中的成功应用,主要还应考虑以下几种因素:

①信息/知识/金钱/技能/设施等关键资源的可获得性;

②完成技术预见所需时间的紧迫性;

③期望的参与水平(参与广度和深度);

④参与类型;

⑤是否适合与其他方法组合使用;

⑥先前的经验和熟悉程度;

⑦技术预见的目标;

⑧定量和定性的数据要求,专业知识的可用性以及使用权;

⑨组织者的方法论水平。

总体而言,技术预见方法的选择应满足技术预见面向未来、广泛参与、基于证据、跨学科和战略性实施的基本要求。下面,以日本、德国为例。

日本的"技术预见调查"始于 1971 年,主要负责机构是日本科学技术署(Science and Technology Agency,STA)下属的日本国家科学技术政策研究所(National Institute of Science and Technology Policy,NISTP)。该项目已经逐步形成了规范化、体制化的技术预见体系,主要对今后 30 年各个领域的科技发展方向进行技术预见调查,为日本科技政策的制定和科学技术基本计划等提供支持,截至目前共进行了 11 次(2019 年日本发布第 11 次技术预见报告)。以日本第 8 次技术预见活动为例(2004—2005 年),其在方法论上实现重大突破和创新。首次将改良版的德尔菲法与文献计量分析、情景分析和社会经济需求研究相结合,以评估与技术发展相关的社会、经济、政治和文化因素,避免了使用单一方法的缺陷,兼顾了主观与客观、宏观与微观、近期与中远期等多对范畴的要求,从方法论上保证了科学(基础研究)、技术(应用)、社会(影响)三大领域预见内容的深入研究和相互支持。

德国于 1993 年效仿日本第 5 次技术预见模式开展了第 1 次技术预见活动,至今已组织了多次国家层面的技术预见活动。21 世纪以来,联邦德国教育与研究部(Bundesministerium für Bildung und Forschung,BMBF)采用周期性方法开始预见工作,分别于 2007—2009 年(Foresight Cycle I)、2012—2014 年(Foresight Cycle Ⅱ)开展了两轮技术预见活动,在德尔菲法的基础上运用情景分析、重点课题研究和专题研究相结合的模式。其中,2012—2014 年(Foresight Cycle Ⅱ)开展的第二轮技术预见活动是对 2007—2009 年(Foresight Cycle I)技术预见活动的补充,在第一轮德尔菲调查确定的未来发展趋势和挑战的基础上借助研讨会形式的情景分析法,让未来的形象跃然纸上,确定了九大创新的萌芽,旨在寻找 2030 年之前德国将要面对的全球性社会挑战。

二、衍生研究

不断变化的机遇和挑战,催生与推动了新的预测与评估方法产生和发展。自 21 世纪开始,新一代的预见方法不断出现。这些方法中,一些是建立在对已有方法改进的基础上的,一些则是来自相关学科,如政治学、创新管理学、科学计量学和计算机科学等。

1. 多维视角

这个方法在分析社会系统和独立系统上很有成效。由于系统分析中感知的局限,林斯顿(Linstone)开发了多维视角法。格雷厄姆·艾利森(Graham Allison)和韦斯特·丘奇曼(C. West Churchman)认为,系统组件性能的优化叠加并不能使整个系统最优化。多维视角法建立了标准的系统分析视角:技术视角、组织视角和个人视角。这三种视角拥有不同的范式,并能得出彼此间不能得到的独特见解。这三者的集成一定程度上消弭了系统分析师与现实间的隔阂。该方法目前主要应用于技术评估,但其在预见中应用的潜力也非常大。

2. 技术的互融互促

在对创新管理进行爆发式研究的数十年里,分析创新过程所使用的方法催生出新的预见方法。董开石(Don Kash)与罗伯特·里克罗夫特(Robert Rycroft)教授通过对六个案例中复杂的技术产品和技术过程进行了调查研究,发现所有案例都涉及技术共同进化和不断调整适应的组织网络。随着技术的发展,针对技术的使用和管理策略也随之调整变动。如心脏成像起初涉及惠普实验室、斯坦福大学的相控阵技术,接着又涉及杜克大学医学中心、国家海洋和大气管理局的颜色流动成像技术,最后又涉及了马萨诸塞州、杜克大学的反向散射技术。所以,一个组织的发展不可能仅仅只是依靠自身的创新成果,也需要他人的创新成果。这表明,在处理复杂技术系统时,技术预见需要多角度去认识环境背景。

3.科学计量

科学计量学是以科学结构及其演化为研究对象,应用数理统计和计算技术等数学方法对科学活动的投入产出和过程(如信息传播、交流网络的形成)进行定量分析,从中找出科学活动规律性的一门科学分支学科。科学计量学与文献计量学和信息计量学有一定的交叠。由于科学活动的产出和交流的主要形式之一是科学文献,因此对这类文献进行的定量研究既是科学计量学研究,又是文献计量学研究。同理,用定量方法处理科学信息的产生、流行、传播和利用,则既属科学计量学研究,也属信息计量学研究。因此,科学计量学的研究结论较为客观,它有助于加深对科学发展内在规律的认识,从而为科研管理工作和科技政策制定提供参考和指导。当前和未来面临的挑战是如何找到合适的方法预测什么时候可以在特定的技术领域进行商业开发,通常的做法是对一批领域专家进行征询,并调查统计得出最终结果。然而,很少有客观或定量的方法来补充这种主观方法,而科学计量的出现刚好弥补了这一缺陷。

4.知识挖掘

由于计算机科学和信息科学的不断进步,许多新的或潜在的方法得到了发展。文献计量学(对出版物和引文进行计数)、文本挖掘(分析文献内容)和数据库中的知识挖掘都是与从收集的电子信息中发掘有价值信息相关联的方法。这种方法可对某一新兴技术的整体概况进行描述:谁在做什么,子主题是如何相互关联的,以及出版物、专利、引文、项目活动模式的发展趋势如何。文本挖掘可对一系列技术管理问题做出即时反应,如标准化技术成熟度、标识竞争对手的发展重点、跟踪发展轨迹、找出子主题的专业知识、记录部门间的应用方法等。这种方法在多学科间架构起桥梁,如提醒工程师在寻找先进的汽车发动机薄膜陶瓷技术时要注意微电子方面的陶瓷技术,或者提醒科学家在致力于某一个问题时要注意其他研究领域的公认因素。以核潜艇上的导弹发射系统为例,我们至少需要从四个方面进行技术突破:潜艇的核动力推进系统、导弹推进剂、精确制导系统以及导引头的耐热壳体。在这种情况下,我们只有对技术进行吸收和融合才能实现技术突破。需要注意的是,与焦点技术关联却又很少提及的技术,很有可能是指向其他关键技术的引子。传统的技术预见方法无法发现这种技术间的异常关系,而通过对大型数据库进行文献计量挖掘却可以揭示这种关系,同样也可以揭示即将面临的工业灾害,如潜在的失效模式或意想不到的后果。

5.复杂性科学

复杂性科学是以复杂性系统为研究对象,以超越还原论为方法论特征,以揭示和解释复杂系统运行规律为主要任务,以提高人们认识世界、探究世界和改造世界的能力为主要目的的一种"学科互涉"的新兴科学研究形态。这一理论和方法为人们开展技术预见提供了一种新思路、新方法和新途径,具有很好的应用前景。世界复杂性科学研究中枢机构——美国圣菲研究所(SFI)的研究者已经认识到研究复杂性科学方法论的重要性,他们把计算模拟、隐喻类比等方法引入复杂性系统研究之中。这种自适应系统有以下特征:非线性、不确定性、自组织性、涌现性。这种系统对初始条件极为敏感,以此为基础我们就可以利用历史数据进行技术预见活动。

6.危机管理

危机管理是因政府和军队跨学科、跨部门进行管理工作而得到发展的。它是企业、政府部门或其他组织为应对各种危机情境所进行的规划决策、动态调整、化解处理及员工培训等活动过程,其目的在于消除或降低危机所带来的威胁和损失。先进的科技虽然能够探索发现未知领域,但同时也提高了预见的困难程度,而危机管理则能够解决这一问题。意外无法避免,通过训练才能提高对这种情况的处置能力。部队通过军事演习中的多种情景来训练官兵,使官兵把这种能力培养为其本能的条件反射。现有的知识无法应对全新的环境,这于决策者而言,就好比是在激流中驾驭一艘船,不能掌控全局,前方情景总是模糊不清,决策者必须时刻保持清醒并对激流、岩石和岸滩等做出迅速且有效的反应,避免翻船落水等情况。正确的危机管理能使管理者认清形势,及时应对未知,做出调整。通过计算机仿真技术,危机管理可以在技术预见中对突发事件及其情景进行建模,对处置策略进行分析评估并优化。

随着新技术革命的到来,如何调整科技发展战略和政策以适应新一轮科技革命和产业变革,进而掌握全球科技竞争的主动权,成为世界各主要国家的重要命题。党的十九大对现代化强国建设做出系统部署,明确2035年我国要进入创新型国家行列,2050年要建成世界科技强国,而技术预见活动的大力开展有助于精准识别国家创新战略重点,合理配置科技资源,全面提升国家科技创新能力。2013—2014年,国家正式将政府组织开展的国家技术预见活动纳入《"十三五"国家科技创新规划》研究编制过程。2019 年,为支撑新一轮中长期科技发展规划(2021—2035 年)的编制,科技部启动了第 6 次国家技术预测工作,可见技术预见已经对我国科技政策的制定产生了重要影响。

第四章 技术预见应用于城市

一、城市开展技术预见的必要性

1.开展技术预见研究是新时期城市科技发展战略的需要

"十三五"期间，全国各地市经济结构进一步调整优化。而进入"十四五"时期，各地经济与产业加速战略性调整，一些战略性新兴产业、未来产业已经或正在崛起，传统产业技术改造和技术升级、颠覆性技术孕育已势在必行。面对新时代的新形势、新任务、新挑战，立足新发展阶段，贯彻新发展理念，构建新发展格局，开展面向未来的城市技术发展调查和预见工作，积极选择和重点突破关键技术，加快科技成果转化和产业化步伐，是关系到国家、地区与城市科技、经济和社会长远发展的战略性问题。

2.开展技术预见有助于合理地制定城市发展规划

制定科学合理的发展规划，以明确未来发展方向，尤其是科学技术发展趋势和方向已成为城市发展的迫切需要。

我国技术预见成果的应用情况表明，技术预见在制定科技管理规划、制定产业发展政策、完善创新体系建设等方面具有前瞻性，能充分结合本地区的资源、人才等优势，优先选择发展领域和关键技术领域，对于促进各大城市培育战略性新兴产业和培育创新型企业有相当重要的意义。

为此，城市在制定发展战略规划时有必要引入技术预见。

3.开展技术预见有助于城市科学有效地配置科技创新资源

采用系统全面的技术预见手段和方法，有利于加强对科技未来发展趋势的科学把握和引导，有针对性地选择一批对产业发展有导向作用的关键共性技术，通过整合科技人才、科技研发资金、科研设备等科技资源开展关键技术领域的集中攻关，才能获取最大化的创新产出，从而有效地提升科技资源配置效率，实现各城市科技、经济与社会的协调发展。

4. 开展技术预见有助于城市转变经济增长方式

技术预见能发挥技术上的创新引领作用，通过技术升级推动产业结构调整和升级，从根本上解决中小城市经济结构的低层次问题，促进中小城市找到新的发展方向、培育新的产业，进一步转变经济增长方式，实现经济效益与社会效益的双赢，推进各城市经济社会的可持续发展。

5. 开展技术预见研究是社会主体了解未来科技发展趋势的需要

企业是城市经济的细胞，是经济发展的主体，是技术创新的主体，也是科技产业化的主体。技术预见是企业，特别是科技型企业制定战略计划的需要，利用技术预见调查结果，企业可以在不断变化的市场环境中分析对自身有利的条件，把握自身优势，了解竞争对手，寻找潜在的合作伙伴，选择重点技术进行开发，参与国际竞争。

二、技术预见研究的设计

目前科技规划研究制定存在的技术问题主要是目标、任务与发展重点之间的关系是隐性的，规划与计划关系也是隐性的，而技术预见恰恰可以将这些潜在的隐性关系显现出来。如沙振江等总结了国内技术预见活动方法的综合使用情况，其中两种方法组合和三种方法组合的技术预见活动最为常见。

综合国内外的研究进展，结合我国当前创新战略重点布局的特点，以服务于我国中长期科技规划为目标，充分考虑到人才、数据、经费等关键资源的可获得性，同时满足定量和定性的数据要求以及方法之间的可融合度，我们构建了基于"德尔菲法＋科学计量＋情景分析"三种方法组合的技术预见活动模型，旨在为国家级水平的技术预见活动奠定理论依据。该模型具有定量方法与定性方法相结合，方法之间可融合度高，参与主体类型、参与广度和深度调节可控等优点，具有较高的准确性和效率，更适用于政府为主体的技术预见活动。

1. 技术预见目标的确定

首先应明确技术预见的实现时间，为服务于我国中长期科技发展规划的目标，预见时间一般选定为未来 5—30 年。

其次,技术预见活动的目标应重点考虑国家战略发展需求、经济发展需求、社会发展需求等。技术预见研究目的主要集中在三个方面:一是国家战略层面,二是重点领域,三是技术产业。不同层面的技术预见适用的研究方法、参与广度、领域深度等也不尽相同。因此,在技术预见活动开始之前一定要明确技术预见的目标,确定服务对象。对于国家战略层面的技术预见活动,更应该考虑国家的发展水平、基本国情,根据实际情况制定实施方案,才能确保技术预见活动顺利有效地开展。

2.成立专门技术预见负责组

国家层面的技术预见活动具有战略定位高、涉及面广、参与人多的特点。为服务于我国中长期科技发展规划的目标,精准识别国家创新战略重点,该级别的技术预见活动参与广度和深度均应为最高级别。因此成立专门技术预见负责组,加强顶层设计和统筹规划,做好前期准备工作并负责推进具体方案的实施以及预见结果的解释,非常有必要。前期准备工作主要包括设计预见方案、组建工作团队、收集相关资料等。其中,技术预见方案设计是该阶段的核心环节,预见方案应反复论证、小范围试验,以确保方案的科学合理性。预见实施阶段是整个技术预见活动的核心部分,在确保预见实施方案切实可行的前提下,技术预见负责组应做好统筹管理工作、确定关键的时间节点、做好干预和监督,确保各项工作按时有效地完成。技术预见项目完成后,负责组对预见结果有最终解释权。

3.构建合理的专家资源库

专家是技术预见活动中最重要的角色。因此建立科学合理、响应及时的专家资源库显得尤为重要。由于技术预见的目标以及使用方法不同,专家资源库的组成结构也会有很大不同。服务于中长期科技发展规划的国家级水平的技术预见活动,对于涉及专家的研究领域、研究水平、战略眼光均有较高要求。

此外,在德尔菲法中,学术型专家与战略型专家的合理配比对调查问卷的统计结果有决定性影响。因此最大限度地确保专家组成员结构的合理性非常重要。此外,响应及时的专家库也能在一定程度上保证调查问卷的有效回收。

第五章 技术预见应用于杭州

杭州市的经济发展有着独特的地方特色。纵观杭州市产业结构变化的轨迹,从中不难看出其内在的规律:它取决于在不同发展阶段的几个主导产业的发展。

1.着眼战略愿景、战略需求,推动研究实践机制持续性、常态化

技术预见研究具有方法专业性、组织系统性、研究前瞻性等特点,只有通过持续的实践,不断总结预见活动中的经验和教训,才能不断改进和完善技术预见研究。20世纪80年代以来,我国围绕若干重要技术领域、规划编制和政策制定,先后开展了多轮技术预见实践,在充分借鉴国外先进技术预见研究经验的基础上,已经基本形成国家、区域和企业多层次的技术预见体系,为科技发展规划和科技政策制定提供了重要支撑。当前国际科技创新与战略竞争日趋复杂和激烈,杭州应围绕国家未来5—15年乃至更长时期的社会发展趋势,着眼于社会主义现代化建设和科技强国建设的战略愿景与战略需求,凝练重大科技需求,系统谋划,在重大科技需求凝练、大规模专家调查、队伍建设、经费支持等方面提供持续支持,稳定技术预见咨询队伍,集中全市技术前瞻性研究力量,形成常态化的城市层面技术预测研究实践机制。

2.加快推进技术预见方法标准化、智能化

技术预见是对科学技术、经济和社会发展等领域的技术进行有步骤的探索的过程,应从贯彻落实新发展理念、支撑国家现代化建设战略的角度出发,提出可能产生最大效益的重大专项和通用新技术。

为提高技术预见结果的科学性、专业性和客观性,杭州市技术预见研究

亟须一个较为完善和成熟的标准或方法体系。应加强德尔菲、情景分析等定性方法与文献计量、专利分析等定量方法的综合运用,并充分利用大数据挖掘技术、人工智能技术等新兴技术手段,对开源科技情报进行挖掘和智能化分析、可视化表达,以提升技术预见的可靠性和准确性。

3.搭建数字化、动态化技术预见平台,提高预见活动的社会开放性、公众参与度

技术预见是实现科技公共治理的有效手段,是凝聚专家共识、探索前沿技术、体现社会大众愿望的一项规模化研究活动。当前,新兴技术的群体性突破不断涌现,技术交叉与渗透融合不断向纵深推进,数字化和信息化推进的技术演变规律与科研范式不断变革,技术预见的难度和不确定性也在加大。因此,我国应创新技术预见工作机制,搭建吸纳社会力量参与的开放式技术预见工作平台,通过社会公众参与,多学科、多领域专家的审核和论证来提升技术预见质量,形成最后的预见报告,传播预见成果。杭州市在今后的技术预见活动中,应探索建立一个多领域、多层次的数字化、动态化技术预见平台,积极吸引社会公众参与,加强技术预见活动的动态性和技术性,加大对技术预见过程的宣传和成果推广,发挥技术预见对社会科技创新的引领作用,提升技术预见的公共科技产品属性。

当前,新一轮科学技术革命和产业变革已经提速,世界各国已经进入科技创新阶段。科技创新是连接科学发明、技术发明、工程建设以及经济增长的重要枢纽,也是经济社会发展的主要驱动力。科学、有效地遴选未来科技创新发展的优先领域和重点方向对于优化国家科技资源配置、实现科技自立自强至关重要。对未来经济社会发展趋势的判断,是分析科技创新发展方向的基础,具有重要的战略意义。

一、技术预见应用于杭州关键技术的选择

在竞争日益激烈的社会中,技术创新已成为决定企业和国家竞争力的重要因素。企业无法独立承担为技术创新奠定基础的通用技术和战略性的研究与开发,政府需要给予一定的财政支持。但政府有限的科研基金难以满足所有学科发展的需要,必须通过选择确定优先支持项目。技术预见恰好为政府与企业提供了一个系统的项目优选工具。

至于关键技术选择,美国、德国、日本等各国根据问题的不同方面虽有各自的理解和表述,但主要的宗旨都是通过产业界、学术界和官方的密切结合,制定具有前瞻性、实用性、复合性的且具有较大市场潜力和能充分推动

产业升级的一系列关键技术计划。

技术预见与国家关键技术选择有许多关联,相似之处在于强调科技与经济的一体化,强调技术的市场实现,都是通过构建"政产学研用"互动平台和建立沟通、协商与协调机制来强化"政产学研用"之间的合作伙伴关系,使各方对于未来技术发展趋势及其作用形成共识,并据此相应调整各自的战略。

目前,世界经济快速发展,在战略管理手段中,技术预见和关键技术选择已被西方发达国家和一些新兴工业化国家高度重视并实施。美国从1991年以来,每隔两年,白宫科技政策办公室就要发布一份《国家关键技术报告》,对未来国家关键技术进行预测和选择。由此可见,关键技术选择所发挥的作用与技术预见是相似的。

通常一座城市所拥有的经济资源相对于国家而言是更为有限的。因此在推动城市发展的过程中开展技术预见活动,以确定本市重点发展的关键技术领域,用最少的投入获得最大的收益,就显得极为重要。当然城市级的技术预见活动侧重于中观层面,与国家级的技术预见有许多的不同之处:城市级的技术预见侧重于中短期,而国家级的技术预见侧重于长期;城市级的技术预见主要侧重于社会效益和经济效益,而国家的战略安全是其开展技术预见活动必须考虑的因素。

杭州,浙江省的省会城市,是浙江省的政治、经济、文化中心,是杭州都市圈核心城市、长江三角洲中心城市之一,其商业市场经济极为发达,近年来经济保持稳健增长,总体实力在高水平基础上持续提升。2022年,杭州市生产总值(GDP)为18753亿元,较2021年增长1.5%,人均GDP为152588元(按当年汇率折算,为2.26万美元),较2021年增长1.8%,GDP总量在内地城市排名第9位,人均GDP虽少于北京、上海和深圳,但也达到世界发达国家(地区)的水平。作为数字经济第一城,杭州一直以科技创新为内生动力促进经济发展,杭州市研究与试验发展(R&D)经费投入逐年递增。杭州市R&D经费投入总量2021年度达到667亿元,占地区生产总值的3.68%,居全国第6位,为杭州持续创新发展注入动力。但同时,也应看到杭州市经济发展与国外一些发达城市相比仍有较大差距,2022年经济增速稍显疲软,大科学装置、国家实验室、首席科学家、"高精尖"人才、国家级创新平台、未来产业等优质创新资源及前沿技术领域的布局与配置上目前仍比较薄弱。因此,开展技术预见研究确定关键技术领域,以有限的经济资源投入获取最大的经济收益与社会效益,实现杭州经济的又稳又好又快发展,意义重大。

关键技术选择与产业发展逐步结合而且越来越紧密,已经成为当今世界技术与经济发展的一个基本动向,现在国内各个区域和城市普遍把强化对研究的开发投资、夺取产业的技术创新制高点作为产业发展的战略重点。

在这样的背景下,杭州市开展技术预见和遴选关键技术工作,对世界高新技术发展态势进行跟踪研究和预见,将有利于确定杭州市高新技术发展的现状、建设高新技术发展的整体技术平台,有利于把握杭州市高新技术及产业技术创新的发展重点、难点,选择既合乎国际高新技术发展主流,又适合于杭州市实际情况的科技攻关方向,有利于不断调整技术攻关的重点,促进科技与经济的协同发展。

应该说,在战略技术与产业发展,特别是高新技术产业领域,杭州市有明显的可比较优势。自 2000 年杭州市实施"一号工程"、建设"天堂硅谷"以来,全市高新技术产业取得了突破性发展,产业规模不断扩大、优势领域初步形成、集聚效应逐渐显现。2022 年,杭州的三次产业增加值结构为 1.8：30.0：68.2,数字经济核心制造业实现增加值 1180 亿元,对全市规上工业经济增长的贡献率达到 161.6%,"数字经济第一城"的金字招牌持续擦亮。重点行业中,医药制造业、仪器仪表制造业实现两位数增长,分别增长 15.1%、12.7%;高新技术产业、战略性新兴产业和高端装备制造业持续发展壮大,分别实现增加值 2961 亿元、1874 亿元和 1568 亿元,增长 1.2%、4.2% 和 1.2%,高于规上工业 0.9、3.9 和 0.9 个百分点,占规上工业的 70.5%、44.6% 和 37.4%,其中高新技术产业占比首破 70%。全球创新指数科技集群排名跃居全球第 14 位,创历史最好成绩。但与此同时,杭州市高新技术产业发展也存在着区域分布和行业发展不平衡、企业创新能力和发展后劲不足、政策推动力发挥不够充分等问题。

国际经验告诉我们,产业技术进步与产业发展模式的选择是多样的,选择空间也非常大,每个领域里的内容都非常宽,可以获得创新的机会特别多。如果有合理的战略设计和有效措施,杭州市完全可以在某些领域或产业环节上形成特殊竞争能力。

二、技术预见应用于杭州科技管理的提升

1. 技术预见主导科技管理

技术预见往往是科技管理部门主导进行的一项科技活动。在强调技术

预见对社会经济活动的重要作用的同时，也必须看到技术预见某种意义上是科技管理部门为了完善科技管理公共服务的行政职能才采取的一种先进的管理技术。技术预见对科技管理的影响是多方面的：

（1）技术预见推进科技发展规划的科学化。随着科技活动规模的扩大，经济、社会对科技的需求日益增加，不同群体对于科技发展的前景和路径会有各种各样的不同意见和看法。通过科学的技术预见，可以更好地把握科技发展的趋势，确定适应地区产业科技发展的重点领域和关键问题，为科技计划的制定提供正确的决策支持。

（2）技术预见保障科技决策的前瞻性与战略性。随着科技事业的迅猛发展、研究领域的细化、产业化程度的深化以及科技信息的高速传递，政府获取"第一信息"难度加大、成本提高，政府决策失误和制度实施时滞的现象开始产生。技术预见的前瞻性本质可以为政府科技管理部门提供现有条件下可预知的有战略价值的技术集合，通过加工后的"第一信息"的引导有效避免政府在科技资源配置上的失误。

（3）技术预见避免科技管理的盲目性。受急功近利和追求数量、速度的浮躁情绪的影响，以及囿于科研低水平重复的状况，我们的科研规划及立项存在模仿和跟踪科技发达国家或者发达地区的现象，科研机构和高校每年都完成不少科研课题，但最终实现商业化与产业化的并不多。技术预见一开始就将社会需求与技术进步相结合，商业化、产业化与社会广泛推广是技术预见中考虑的重要方面，技术预见的实施将有效地解决科技管理中短期效益与长期效益、直接效益与间接效益、表面供给与有效供给的协调问题。

（4）技术预见完善现行专家库系统。科技管理部门一般都拥有自己的专家库系统，但是由于专家库系统的更新完善相对于技术进步与科技人才的成长略显滞后，仍然存在信息不全的问题。另外在面对科技项目等科技利益分配的时候，专家作为社会人难以逾越利益的制约，近亲学术的现象容易出现。技术预见的开展则可以很好地解决上面两个问题，在技术预见普遍采用的德尔菲调查中，具体领域的专家会得到全面的收集分类整理，部分优秀专家可以通过选拔补充到专家库系统中。周期的技术预见也能够有效满足专家库系统的不断更新需要。

2.技术预见拉动杭州区域创新能力建设

杭州市于 2002 年开始大力实施"工业兴市"战略，加快产业结构调整，保持了工业经济的持续快速协调健康发展。2022 年，杭州全市规上工业增加值为 4198 亿元,比上年增长 0.3%。新动能继续发挥引领作用,战略性新兴产业增加值、高技术产业增加值分别增长 4.2% 和 6.6%,高于规上工业 3.9 和 6.3 个百分点,数字经济核心制造业增加值 1180 亿元,占规上工业的 28.1%,增长 4.4%,有效推进工业结构优化,工业经济成为推动杭州经济增长的主要力量。

浙江经济具有鲜明的"块状经济"特征,杭州作为浙江经济的排头兵,也充分体现了浙江经济中的"集群现象"。20 世纪 80 年代初的乡镇工业,在市场经济的作用下,经历 20 多年的发展壮大,从家庭作坊、合伙企业发展成为具有比较优势的企业集群和专业化产业区,即"一乡一品、一村一业"的块状经济。到 2009 年,杭州全市块状经济区块达 49 个,企业总数达 2.21 万家,从业人员有 70 多万人,实现销售收入 1410 亿元。块状经济在当时杭州经济增长中发挥着至关重要的作用。块状经济虽然总量规模庞大,地域分布广阔,具有重要战略地位,但也面临着向创新型现代产业集群、资源节约集群和生态环保型产业集群转型升级的巨大压力和挑战。2011 年 3 月,杭州出台了《关于加快块状经济向现代产业集群转型升级的实施意见》,2022 年 11 月,出台了《打造高能级产业集群推动产业平台高质量发展实施方案(2022—2025 年)》,从块状经济到"产业大脑",从块状抱团到产业链上下游融合,从关注市场到注重创新,杭州的产业发展模式形态嬗变发展。

同时,在这些优势中还隐藏着一些深层次矛盾需要解决,包括全球化市场竞争下的高层次产业技术供给不足、中小企业竞争优势逐渐弱化和国家、省、市及其高校、科研院所等创新平台与企业之间需进一步融合等问题。数据显示,杭州市的高新技术产值、利税率并不高,一定程度上仍处于产品利润形成的中下游。

传统制造产业缺乏核心技术支持及相关产业强有力的技术配套,简单的模仿创新活动相对较多,很大一部分是配套加工、定牌加工和借牌加工,这与杭州市打造先进制造业基地的要求无疑有一定的差距。

企业的经营成本居高不下,减缓了经济指标的提高。激烈的市场竞争与产业发展要求有更高层次的技术支撑,而这种需求,不仅要求企业具有一定的预见性,更要求政府在建设区域创新体系、提升创新能力的过程中,针对未来产业需求开展技术预见活动,在一定程度上解决这些问题。而杭州市在经济、科技和社会等方面的实力也为技术预见活动的开展提供了物质上的保证。

随着改革的深入,市场代替政府成为各种商品、劳务、生产要素的主要配置者。科技资源的配置在整体上已摆脱管理体制的行政性、分割性,与科技活动有关的市场机制日益健全,大部分科技力量由企业与市场来支配。通过技术预见与关键技术选择,把科研投入置于科技与经济结合的过程之中,可以大大提高科研的效益与效率,争取在杭州有优势、产业关联度大、市场前景好以及国民经济发展急需解决的技术和产业领域取得突破。通过建立健全政府、企业、个人、外资的多元化投资体系,主动地进行科技投入,使私人部门和政府部门在加强技术创新、加速科技成果商品化、产业化方面发挥各自独特的作用。

创新体系中,企业是知识供应链的最终用户,大学和研究机构是知识的生产者。知识创造者间也需要强化沟通、增进关系和协同研究,不只是研究者和研究者之间,研究者和使用者之间,例如政府、企业、使用者,也需要建立更好的互动关系,而技术预见和关键技术选择正好可以促成这样的互动。

三、技术预见应用于杭州高新产业的发展

强调产业发展、满足社会需求,技术预见在其中发挥作用、体现重要性主要是因为经济与科技的高度一体化使得关键技术的发展模式已从"技术推动"转变为"市场推动"。产业界对于对关键技术选择的理解往往是"能否给产业带来竞争优势",这里面有三层含义,如表5-1所示。

表5-1　产业界关键技术的三层含义

序号	关键技术层次	举例
1	各产业部门均普遍关心、兴趣最大的先进技术	先进制造与新材料技术、微电子技术、传感器和图像处理技术等
2	由于现有技术的高度综合和交叉,可能形成一个独立的技术领域	分离技术、检测与维修技术、复杂产品系统协调技术等
3	有未来发展前景的技术	生物技术、环境技术等

随着改革的深入,杭州市和其他城市一样,经济结构已经发生了重大转变,市场正代替政府成为各种商品、劳务、生产要素的主要配置者。科技资源的配置在整体上亦逐步摆脱管理体制的行政性、分割性,与科技活动有关的市场机制日益健全,大部分科技力量由企业与市场来支配。同时,关键技术选择以及重大研究开发技术项目的确定是一个复杂的、较为长期的并且不断加以调整的过程,哪些是对产业发展和社会需求具有重大影响的技术,

也只有经过周密的调查和预测之后才能做出判断。

综观各国的关键技术实践,可以得到以下两点经验:(1)关键技术选择不是一般地单纯从技术发展的层面来考虑重点技术领域的选择,而是紧紧围绕实现国家和地区目标的需要而开展的技术选择工作;(2)关键技术选择与制定必须立足于本国和本地区的实际情况,把握国际竞争格局和自身优势,根据中长期发展目标有重点、分层次展开。

杭州市开展的技术预见属于中观层次的区域型技术预见,以科技主管部门为主导,科技供给为主,兼顾社会与市场需求,短期技术预测和中期技术预见同时进行。因此,杭州市在有限的财力条件下,技术预见和关键技术选择要更好地突出短期技术预测和中期技术预见的有限目标,重点发展一些能够提高产业国际竞争力,对杭州市国民经济具有重大影响以及最大化满足社会需求的技术项目,推动杭州市的产业技术走出"引进—落后—再引进"的圈子,提高杭州市科研的效益与效率,争取在杭州市有优势、产业关联度大、市场前景好以及国民经济发展急需解决的技术和产业领域取得突破。

1. 技术预见有利于提升产业集群式创新

研究表明,创新常常来自国家或区域内部企业集群的互动之中。集群式创新具有互惠共生性、协同竞争性、资源共享性和密切互动性,是一个由决策结构构成的具有非线性联结机制的动态演化的复杂系统。

从浙江省企业联合会、浙江省企业家协会、浙江省工业经济联合会发布的"2022浙江省百强企业"榜单来看,杭州共有47家企业上榜。从行业分布来看,杭州的上榜企业涵盖了互联网、汽车、房地产、石油、化工、医药等多个领域,其中既有新经济的排头兵,也有积极创新的传统制造业企业。可以说,在这份全省"最强阵容"的榜单背后,杭州强劲的创新活力与产业实力愈发凸显。上榜的阿里巴巴、吉利控股、杭州钢铁、万向等这些企业在产业集群创新能力培育过程中存在着一定的纵向和横向联系。每家行业头部企业与上下游企业之间形成一条纵向关系的价值链,在这条价值链上的各企业由于共同的利益而共同"干中学"和"用中学",产生集群效应,技术、信息在学习过程中传递从而促进创新能力逐步提高;同时相关企业由于竞争机制易产生横向上的挤压效应,为获取更大的发展空间,在区域竞争中取得先机,促进了一部分集群企业的创新活动及其成果的出现。

然而在剖析杭州市产业集群创新能力与水平时,可以发现还存在着以下问题自主开发能力还比较薄弱,发展潜力和竞争力优势受碍;在重大装备方面缺少优势产品,尤其是大型成套设备化,缺乏综合竞争力;环境、资源等约束很大程度上牵制着产业集群发展,如工业用地指标趋紧的制约以及用地指标落实过程中政策处理难度加大等因素均制约了产业的规模扩张能力;等等。

2.推进以技术预见为手段的产业战略研究发展

之所以强调产业界在技术预见和国家关键技术选择中的作用是因为经济与科技的高度一体化使得关键技术的发展模式已从"科学推动"转变为"市场拉动"。

由于技术进步日趋迅速,市场变化多端,竞争日益激烈,关键技术的开发者必须与客户进行更多的互动以了解市场的需求。由于知识结构和视野的限制,个人很难准确把握未来技术发展趋势及其对社会经济的影响,而"政产学研"群体智慧的集成则有助于克服这种局限性。技术预见不仅从技术的角度,而且从与之相关的更广泛的社会、经济与环境方面评估技术的潜力。通过技术预见的有限选择,开发、培育并形成一批符合高新技术产业集群区产业发展方向、有自主知识产权、有市场竞争力的技术、产品,培育和形成有明显特色的科技创新中心,产生规模效益和外溢效应。

产业的优势集群:由于技术相对集中于特定产业地区,在这里形成了更加细致的产业分工,出现了更为熟练的劳动力市场和先进的附属产业。

纵观世界上的数百个高新技术开发区,不论是自发形成的,还是由政府规划建立的,成功者的一个共同的特征,就是有效地形成了产业集群与区域创新优势。通过项目筛选和科技、产业发展的联合规划,可以确定一批高成长性的技术项目,从资金、用地、政策和服务等多方面重点扶持。通过将相互关联的中小企业形成空间集群,实现协作创新,获得大企业才拥有的创新资源优势,达到创新活力和创新规模经济性的有机结合。基于上述分析,杭州市应当实行以技术预见为基础的集群式战略,给出系统性的技术选择与重点发展目标。

显然这个战略应该从产业发展的需要和区域科技发展战略目标出发,在综合区域经济发展目标、技术创新能力、产业基础、国际科技发展主流动向、产业的国际竞争态势和国际分工等内容的基础上开展技术预见活动。事实上,《杭州市科技创新"十三五"规划》已经实施了更加积极的科技政策与产业政策,关注产业需求,提倡自主创新,强化科技在新经济领域中的作

次将数字经济和制造业列为高质量发展"双引擎"。进入"十四五",杭州制造业九大标志性产业链的新布局在多个重要规划文件中出现。2021 年,视觉智能(数字安防)、节能与新能源汽车、智能家居、智能装备、现代纺织与时尚制造业等九大标志性产业链正式写入"十四五"规划。2022 年,杭州实现数字经济核心产业增加值 5076 亿元、规上工业增加值 4198 亿元,为近年新高;工业投资和制造业投资均增长 20% 以上,连续两年保持两位数增长;规上工业亩均税收和增加值分别达 57.68 万元和 220.94 万元,均居浙江省第一位。

下面,以先进制造业为例,对杭州市开展技术预见研究做实证探讨。

一、先进制造业的技术特征

先进制造技术在制造业领域的广泛应用是 20 世纪制造业的典型特征。自工业革命的福特流水线之后,世界制造业技术从 20 世纪 40 年代开始走向生产线自动化、集成化和系统化。20 世纪 80 年代以后,世界制造业技术又步入以柔性制造系统、计算机集成制造、精密生产、敏捷制造、并行工程、清洁生产、供应链管理等为特征的现代制造技术和管理技术时代。目前,制造业技术创新主要活跃于信息、生物、新材料、新能源等高新技术和前沿技术领域,并将其综合应用于产品开发与设计、制造、检测、管理及售后服务的制造全过程,实现优质、高效、低耗、清洁、敏捷制造,取得了理想的技术经济效果。

先进制造业技术特征主要表现在:

1. 制造技术的信息化

制造业技术正向全面信息化迈进,其发展趋势主要表现在柔性制造系统、计算机集成制造系统的推广应用。制造技术信息化将信息技术、自动化技术、现代管理技术与制造技术相结合,实现产品设计、制造和管理的信息化,生产过程控制的智能化,制造装备的数控化,咨询服务的网络化。

2. 制造技术与其他学科的交叉与相互促进

传统的制造业通过科学的融合、与其他新兴产业的结合,逐步发展成为一个技术含量高、附加值高的产业。除了上面提到的信息科学,还包括管理科学、系统科学、生命科学、机械科学以及经济学、物理学和数学等。同时,现代先进制造技术也成为一门使其他高新技术或尖端技术,如航空航天、办公自动化、电子、通信、制药、科学仪器、精密电子机械等,得以出现和发展的

"使能"(enabling)技术。

3.先进制造技术的创新周期缩短

"科研成果—技术开发—商业化"的周期不断缩短,科学发现和技术创新对经济增长的推动作用将更为直接和迅速。部分技术创新转化为商业化生产的周期,已经缩短到1年甚至3个月,技术更新与产品更新几乎同步。

4.先进制造技术的集成程度更高

先进制造技术强调技术、人、管理和信息的四维集成,不仅涉及物质流和能量流,还涉及信息流和知识流,即四维集成和四流交汇是先进制造技术的重要特点,其更加重视制造过程组成和管理的合理化及革新,是硬件、软件、人与组织的系统集成。

5.制造技术的动态适应和全过程

先进制造技术以实现优质、高效、低耗、清洁、灵活生产,提高产品对动态多变市场的适应能力和竞争力为目标;先进制造技术不局限于制造工艺,而是覆盖了市场分析、产品设计、加工和装配、销售、维修、服务,以及回收再生的全过程。

6.制造技术的服务化

制造业正在被改造和演变成某种意义上的"服务业",工业经济时代"以产品为中心"的大批量生产正在转向"以顾客为中心"的单件小批量大规模定制生产。企业提供给顾客的不能只是单一的产品,而必须是一种将服务和产品紧密集成在一起的全面的解决方案。

二、杭州市先进制造业的基本情况

先进制造业是吸收信息技术、新材料技术、自动化技术和现代管理技术等高新技术,并以与现代服务业紧密互动为特征的新兴产业。制造业一直以来都是杭州经济发展的支柱产业之一,尤其是机械装备制造业是杭州传统工业的优势所在。改革开放以来,机械装备制造业得到了快速发展,为杭州"制造强市"做出了巨大贡献。杭州的汽轮机、制氧机、叉车等机械制造在全国都处于排头兵行列。2022年,杭州在产业规划和发展上继续深化和拓展,其中"1+6"产业集群作为重要战略方向,得到了显著的发展。(见表6-1)

表 6-1 2022 年杭州市产业("1＋6"产业集群)状况汇总

产业名称	产值/亿元	占 GDP 的比重/%
信息产业(含数字经济核心产业增加值、机器人产业等)增加值	18624	99.3
文化产业增加值	2420	12.9
金融产业增加值	2409	12.8
健康产业增加值	1577	8.4
时尚产业(制造业)增加值	291	1.6
高端装备制造业增加值	1568	8.4

数据来源:2022 年杭州市统计监测数据分析。

杭州市在全面实施新制造业的过程中,以"高端化、智能化、绿色化、服务化"为发展目标,坚持数字经济与制造业"双引擎",明确了制造业发展重点,其中明确培育引进战略性新兴产业"1510",即到 2025 年,形成新一代信息技术及应用万亿级产业集群 1 个,高端装备、生物医药、节能环保、数字安防、新能源新材料等千亿级主导产业集群 5 个,人工智能、工业互联网、5G 应用、智能网联汽车、航空航天、机器人、增材制造、工业设计等百亿级产业集群 10 个以上。

在全国工商联公布的"2022 中国民营企业制造业 500 强"榜单中,杭州有 27 家企业,占全国的 5.40%,占浙江省(94 家)的 28.72%。入围门槛达 125.72 亿元,排名前五位的是浙江荣盛控股集团有限公司、浙江吉利控股集团有限公司、浙江恒逸集团有限公司、万向集团公司、杭州锦江集团有限公司。

进一步地深入剖析杭州市区域经济产业集群的发展趋势发现,具有较高技术层次与水平的技术产业集群,由于杭州市独特的区位优势、人文优势、社会资本优势、营商环境优势、创新创业环境优势及城市的比较优势,迅速形成了地区产业的竞争优势。

近年来,杭州市三大产业结构调整升级步伐加快,数字经济和新制造业"双轮驱动"持续推进,服务业发展不断加速,促进了一、二、三产业的协同发展。先进制造业作为新制造业的典型代表,已经成为杭州数字产业化、产业数字化的行业范式,是数字技术与实体经济融合发展的实践案例,将逐渐成为杭州市现阶段和今后一定时期的主导产业。

结合杭州的实际情况可以判定:工业仍是杭州市国民经济增长的重要

支柱,先进制造业基地建设是实现"两个先行"、率先实现现代化宏伟目标的重要保障。但是杭州制造业也存在着一些问题和薄弱环节:技术进步和自主创新能力不强,关键和核心技术缺乏,高技术、高附加值产品少,影响企业的市场竞争能力;制造业发展空间有限,开发区、工业功能区、特色产业集群核心区(协同区)的开发建设水平有待进一步提升;投资规模大、技术含量高、带动能力强的大项目不多,扩大利用内外资仍有较大潜力;制造业处于产业分工和价值链中低端,受上游产品价格影响大,企业盈利能力不强。

三、杭州市先进制造业的行业分析

近 20 年来,杭州市的产业结构发生了较大的变化。杭州最初从制造业起步,曾以"工业兴市"为发展战略。受金融危机影响,杭州工业进入发展低谷,于是转变产业发展思路,以"服务业优先"破解难题,推动第三产业蓬勃发展,特别是文化产业及大旅游产业。随着时代的不断发展,杭州的第三产业逐渐成为杭州产业结构中的一大部分,但工业仍是杭州产业体系中不可或缺的"压舱石"。进入信息时代,杭州抓住机遇,大力发展数字经济产业,助推杭州经济更上一层楼。

2019 年,杭州提出"新制造业计划",首次将数字经济和新制造业列为高质量发展"双引擎",形成了一批优势制造业集群,主要有高端装备、云计算大数据、网络通信、纺织服装、数字安防、精细化工、汽车等 7 个千亿级制造业集群,以及生命健康、食品饮料、集成电路等 3 个百亿级制造业集群,并形成了数字安防、网络通信、纺织服装等一批重点产业链。(见表 6-2)

表 6-2 2019 年 7 个千亿级制造业集群和 3 个百亿级制造业集群总体情况

集群名称	2019 年营收/亿元	重点分布区域	龙头企业
高端装备	3686.8	临安区、余杭区、萧山区等地	杭氧、杭汽轮、杭叉、杭锅
云计算大数据	2947.7	西湖区、滨江区等地	阿里云、新华三、华云、泰一指尚
网络通信	2261.3	滨江区、余杭区、西湖区等地	新华三、阿里巴巴通信、钉钉、铖昌科技、三维通信
纺织服装	2216.1	萧山区、余杭区等地	恒逸集团、荣盛集团、华鼎集团、江南布衣
数字安防	2039.8	滨江区等地	海康威视、大华股份、宇视科技

集群名称	2019 年营收/亿元	重点分布区域	龙头企业
精细化工	1533.7	萧山区、建德市等地	浙江恒逸高新材料、浙江恒逸聚合物、杭州逸暻化纤、浙江新安化工
汽车	1091.6	钱塘新区、萧山区、余杭区等地	广汽杭州、长安福特杭州、浙江吉利、浙江飞碟
生命健康	802.4	钱塘新区、余杭区、滨江区、江干区、下城区等地	华东医药、贝达药业、赛诺菲、默沙东
食品饮料	328.0	下沙街道、西湖区、江干区、桐庐县、建德市等地	娃哈哈、农夫山泉、康师傅
集成电路	282.3	滨江区、钱塘新区等地	士兰微、大和热磁、矽力杰、长川科技

　　总体而言,产业变迁至今,杭州市形成了"5＋3"现代产业体系——五大支柱产业和三大先导产业。其中,五大支柱产业包括文化产业、旅游休闲、金融服务、生命健康、高端装备制造;三大先导产业包括人工智能、云计算大数据、信息软件。此外,进入"十四五"时期,杭州制造业九大标志性产业链的新布局在多个重要规划文件中出现。包括视觉智能(数字安防)、生物医药与健康、智能计算、集成电路、网络通信、节能与新能源汽车、智能家居、智能装备、现代纺织与时尚在内的九大产业方向,将成为未来一段时间内杭州发展的风向标。(见图 6-1)透析这九大标志性产业链,可见杭州目标明确地大打"数字制造"牌。杭州的数字经济早已不仅是"互联网"的概念,九大标志性产业链中大多具有数字与制造业紧密融合的特点。以视觉智能(数字安防)为例,其中既包括图像传感器等硬件制造,也包括视频会议系统等软件应用开发,自动驾驶、工业视觉等应用更是与制造业深度绑定。从近年来杭州的政策导向与发展脉络看,不难发现杭州在做强数字经济之时,也在重点推进制造业高质量发展。2019 年 9 月,杭州推出"新制造业计划",提出数字经济与制造业高质量发展"两个引擎一起转"。2021 年 7 月,《浙江省全球先进制造业基地建设"十四五"规划》发布,剑指全球先进制造业基地,杭州作为省会城市,担有重任。同月,杭州印发《杭州市高端装备制造业发展"十四五"规划》,明确到 2025 年要建设成为长三角高端装备制造业引领区、全国重要的高端装备制造业基地。2022 年 5 月,杭州在全市经济稳进提质攻

坚行动推进会暨制造业高质量发展大会上，提出实施产业链链长制，打造智能物联、生物医药、高端装备、新材料和绿色低碳五大产业生态圈，杭州经济正步入从"链"到"圈"的发展新阶段。

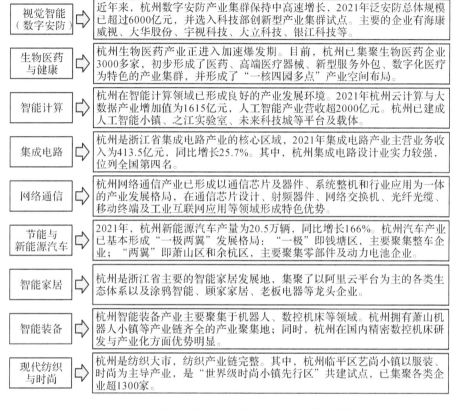

视觉智能（数字安防）	近年来，杭州数字安防产业集群保持中高速增长，2021泛安防总体规模已超过6000亿元，并选入科技部创新型产业集群试点。主要的企业有海康威视、大华股份、宇视科技、大立科技、银江科技等。
生物医药与健康	杭州生物医药产业正进入加速爆发期。目前，杭州已集聚生物医药企业3000多家，初步形成了医药、高端医疗器械、新型服务外包、数字化医疗为特色的产业集群，并形成了"一核四园多点"产业空间布局。
智能计算	杭州在智能计算领域已形成良好的产业发展环境。2021年杭州云计算与大数据产业增加值为1615亿元，人工智能产业营收超2000亿元。杭州已建成人工智能小镇、之江实验室、未来科技城等平台及载体。
集成电路	杭州是浙江省集成电路产业的核心区域，2021年集成电路产业主营业务收入为413.5亿元，同比增长25.7%。其中，杭州集成电路设计业实力较强，位列全国第四名。
网络通信	杭州网络通信产业已形成以通信芯片及器件、系统整机和行业应用为一体的产业发展格局，在通信芯片设计、射频器件、网络交换机、光纤光缆、移动终端及工业互联网应用等领域形成特色优势。
节能与新能源汽车	2021年，杭州新能源汽车产量为20.5万辆，同比增长166%。杭州汽车产业已基本形成"一极两翼"发展格局："一极"即钱塘区，主要聚集整车企业；"两翼"即萧山区和余杭区，主要聚集零部件及动力电池企业。
智能家居	杭州是浙江省主要的智能家居发展地，集聚了以阿里云平台为主的各类生态体系以及涂鸦智能、顾家家居、老板电器等龙头企业。
智能装备	杭州智能装备产业主要聚集于机器人、数控机床等领域。杭州拥有萧山机器人小镇等产业链齐全的产业聚集地；同时，杭州在国内精密数控机床研发与产业化方面优势明显。
现代纺织与时尚	杭州是纺织大市，纺织产业链完整。其中，杭州临平区艺尚小镇以服装、时尚为主导产业，是"世界级时尚小镇先行区"共建试点，已集聚各类企业超1300家。

图 6-1　杭州市制造业九大标志性产业链发展概况

2021年，杭州实施浙商回归、杭商回家工程，落实10亿元以上制造业项目46个、增长15%。工业投资增长15.2%，制造业投资增长28.4%，扭转多年来增长乏力态势。杭州大力推动科技创新，启动建设国家新一代人工智能创新发展试验区和创新应用先导区，有效发明专利拥有量年均增长21%，全球创新指数排名跃至第21位。杭州还加快企业培育和产业升级，民企500强数量连续19年蝉联全国城市第一，获批国家区块链创新应用综合试点城市，人均生产总值达到高收入经济体水平。杭州各区、县依据自身资源，布局不同的产业链（见图6-2），创新主体倍增、民营经济实力跃升，爆发出昂扬向上的强劲动力。

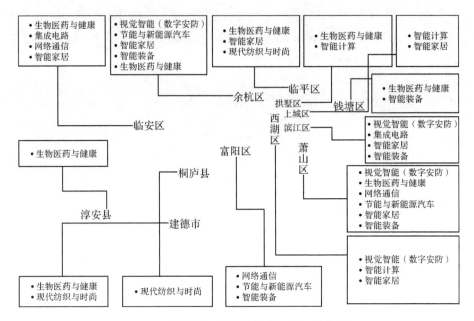

图 6-2　杭州市九大标志性产业链区域布局

2022 年,杭州市工业制造业发展情况总体呈现稳定发展态势,尤其是在高新技术产业、战略性新兴产业和医药制造业等领域具有较强的增长潜力。同时,杭州市加强能源和环保方面的政策措施,引导企业向低耗能、环保型的发展方向转型升级。总体趋势方面:2022 年,杭州市工业增加值为 4922 亿元,比上年增长 0.4%,规上工业增加值为 4198 亿元,增长 0.3%。虽然增速相对较低,但整体呈现稳定的发展态势。高新技术产业、战略性新兴产业、装备制造业的增加值占规上工业的比重分别为 70.5%、44.6% 和 50.1%,说明杭州市正朝着高科技产业和战略性新兴产业转型升级的方向发展,这将成为未来的主要增长点。重点行业增长方面:医药制造业增加值增长 15.1%,表明杭州市的医药产业有着强劲的发展势头,且有望在未来继续保持高速增长。仪器仪表制造业增加值增长 12.7%,说明杭州市在高端智能制造方面有着优势,未来可以在智能制造领域继续加强技术研发和创新,提高产品技术含量和附加值。计算机通信和其他电子设备制造业增加值增长 2.1%,虽然增速不高,但这是杭州市的传统优势产业之一,未来也有很大的发展空间。传统制造业和高耗能行业方面:全市八大高耗能行业实现增加值 814 亿元,下降 5.6%,占规上工业的 19.4%,比上年下降 0.6 个百分点。这表明杭州市正在加强能源和环保方面的政策措施,引导企业向低耗能、环保型的发展方向转型升级。17 个传统制造业增加值下降 4.1％,这也反映了杭州市在转型升级方面还存在一定的困难,需要加强技术创新和产品升级,提高市场竞争力。销售产值、新产品和出口方面:规上工业销售产值为 17822 亿元,增长 2.4％,说明杭州市的工业制造业市场需求相对较强。出口交货值为 2621 亿元,增长 7.9％,表明杭州市的出口贸易仍然是经济增长的重要支柱。新产品产值率为 41.2％,说明杭州市的企业在研发和创新方面已经取得了一定的成果,未来可以进一步加强新产品的开发和推广,提高市场竞争力。集成电路晶圆、新能源汽车、光电子器件等新产品产量分别增长 48.3％、184.1％和 69.0％,这表明杭州市在高科技领域的研发和创新有着显著的进展,未来可以继续发挥优势,推动产业升级和转型发展。

　　未来,杭州市的工业制造业可以在技术创新和产品升级方面进一步加强,提高市场竞争力,实现高质量发展。

　　2021—2022 年杭州制造业基本数据及行业分布情况如表 6-3、表 6-4、表 6-5 所示。

表 6-3　2021 年杭州制造业主要领域产值情况

序号	项目	产值/亿元	同比增幅/％
1	高端装备制造业总产值	5496.2	12.1
2	高端装备制造业增加值	860	11.5
3	智能装备	652.3	21.4
4	节能与新能源汽车	560.8	−17.0
5	先进环保装备	138.2	20.3
6	现代能源装备	1135.4	21.8
7	综合交通装备	55.5	22.7
8	高端医疗器械	202.4	25.0
9	新一代信息技术装备	2126.5	13.7
10	特色专用装备	124.8	17.5
11	检测与监测设备	248.6	9.7
12	关键基础件	251.8	20.5

表 6-4 杭州市制造业 2021 年、2022 年主要指标

年份	项目	数值
2021 年	规上工业增加值同比增速	10.6%
	装备制造业同比增速	14.8%
	数字经济核心产业制造业增加值同比增速	—
	十七大重点传统制造业增加值同比增速	7.1%
	高端装备制造业增加值	860 亿元
	高端装备制造业增加值占规上工业增加值比重	21.0%
	装备制造业增加值占规上工业的比重	50.3%
2022 年	规上工业增加值同比增速	0.3%
	装备制造业同比增速	0.4%
	数字经济核心产业制造业增加值同比增速	4.4%
	十七大重点传统制造业增加值同比增速	−4.1%
	高端装备制造业增加值	1568 亿元
	高端装备制造业增加值占规上工业增加值比重	37.4%
	装备制造业增加值占规上工业的比重	50.1%

表 6-5 2021—2022 年杭州规上工业（制造业）主导产业情况

项目	2021 年		2022 年	
	规模/亿元	增速/%	规模/亿元	增速/%
计算机、通信和其他电子设备制造业增加值	801	18	795	2.1
烟草制品业增加值	339	5.5	354	3.4
通用设备制造业增加值	370	15.2	370	−3.7
电气机械和器材制造业增加值	331	12.3	327	−0.4
医药制造业增加值	306	18.1	328	15.1
化学原料和化学制品制造业增加值	195	−0.1	206	0.5
汽车制造业增加值	127	−7.2	148	−3.7
电力、热力生产和供应业增加值	141	10.3	149	2.4
纺织业增加值	156	2.3	155	−8.9
橡胶和塑料制品业增加值	129	4.3	131	−5.1

2022年9月,杭州市工业经济联合会、杭州市企业联合会、杭州市企业家协会发布了"2022杭州市制造业百强企业榜单"。榜单显示,2021年度杭州市制造业百强企业实现营业收入29988.73亿元,较上年增长25.66%,入围门槛为17.32亿元,较上年提高2.40亿元。

2022年杭州市制造业百强企业榜中,营收超过千亿元的企业有5家,分别是:浙江荣盛控股集团、浙江吉利控股集团、浙江恒逸集团、杭州钢铁集团、万向集团。营收在500亿(含)—1000亿元的企业有7家,分别是:浙江中烟、杭州海康威视、杭州锦江集团、浙江富冶集团、巨星控股集团、富通集团、杭州娃哈哈集团。营收在100亿(含)—499亿元的企业有31家。营收在50亿(含)—99亿元的企业有15家。

上榜企业的2021年研发费用总额为743.02亿元,较去年增长16.37%。研发投入超过10亿元(含)的有11家,超过5亿元(含)的有21家。

制造业百强上榜企业中,萧山区有21家,滨江区有15家,钱塘区有12家,上城区、余杭区各有9家,临平区有8家,富阳区有7家,拱墅、临安区各有5家,建德市、西湖区各有4家,桐庐县有1家,区域整体分布较为均衡。(见表6-6)从榜单可以看出,杭州市制造业总体上表现出"稳中求进、质效提升"的趋势。百强企业起到扛大梁、挑重担的支撑作用,头部企业为杭州市产业行业升级发挥了示范引领作用。

表6-6　2021年杭州制造业百强企业

排序	企业名称	2021年营业收入/亿元	所属地区
1	浙江荣盛控股集团有限公司	4483.18	萧山区
2	浙江吉利控股集团有限公司	3603.16	滨江区
3	浙江恒逸集团有限公司	3288.00	萧山区
4	杭州钢铁集团有限公司	2653.90	拱墅区
5	万向集团公司	1628.44	萧山区
6	浙江中烟工业有限责任公司	968.37	上城区
7	杭州海康威视数字技术股份有限公司	814.20	滨江区
8	杭州锦江集团有限公司	805.64	拱墅区

续　表

排序	企业名称	2021年营业收入/亿元	所属地区
9	浙江富冶集团有限公司	793.71	富阳区
10	巨星控股集团有限公司	690.92	上城区
11	富通集团有限公司	601.80	富阳区
12	杭州娃哈哈集团有限公司	519.15	上城区
13	新华三信息技术有限公司	439.73	滨江区
14	浙江东南网架集团有限公司	434.56	萧山区
15	浙江省机电集团有限公司	349.19	上城区
16	西子联合控股有限公司	348.47	上城区
17	华东医药股份有限公司	345.63	拱墅区
18	浙江大华技术股份有限公司	328.35	滨江区
19	华立集团股份有限公司	317.17	余杭区
20	浙江富春江通信集团有限公司	309.18	富阳区
21	浙江协和集团有限公司	303.20	萧山区
22	中策橡胶集团股份有限公司	302.86	钱塘区
23	农夫山泉股份有限公司	296.96	西湖区
24	兴惠化纤集团有限公司	296.02	萧山区
25	胜达集团有限公司	288.27	萧山区
26	回音必集团有限公司	235.07	上城区
27	顾家集团有限公司	230.88	钱塘区
28	浙江新安化工集团股份有限公司	189.77	建德市
29	浙江航民实业集团有限公司	151.97	萧山区
30	杭州华东医药集团控股有限公司	137.81	上城区
31	浙江正凯集团有限公司	132.17	萧山区
32	杭州金鱼电器集团有限公司	129.98	钱塘区
33	杭州福斯特应用材料股份有限公司	128.58	临安区
34	富联统合电子(杭州)有限公司	128.32	钱塘区
35	浙江万马股份有限公司	127.67	临安区

排序	企业名称	2021 年营业收入/亿元	所属地区
36	杭州永盛集团有限公司	122.22	萧山区
37	杭氧集团股份有限公司	118.78	临安区
38	浙江南都电源动力股份有限公司	118.48	临安区
39	西湖电子集团有限公司	116.18	滨江区
40	开氏集团有限公司	105.26	萧山区
41	万事利集团有限公司	104.52	上城区
42	宏胜饮料集团有限公司	104.21	萧山区
43	三维通信股份有限公司	102.64	滨江区
44	杭州东华链条集团有限公司	97.58	临平区
45	杭萧钢构股份有限公司	95.78	萧山区
46	杭州老板电器股份有限公司	92.84	临平区
47	浙江华达新型材料股份有限公司	85.06	富阳区
48	浙江三狮南方新材料有限公司	82.46	余杭区
49	杭州电缆股份有限公司	74.43	钱塘区
50	杭州士兰微电子股份有限公司	71.94	滨江区
51	广汽乘用车(杭州)有限公司	69.57	钱塘区
52	杭州九阳小家电有限公司	69.05	钱塘区
53	西子清洁能源装备制造股份有限公司	65.78	上城区
54	浙江元通线缆制造有限公司	63.40	临平区
55	永杰新材料股份有限公司	63.03	钱塘区
56	浙江宇视科技有限公司	60.74	滨江区
57	杭州汽轮机股份有限公司	57.88	临平区
58	杭州电力设备制造有限公司	52.34	钱塘区
59	杭州轴承集团有限公司	48.15	拱墅区
60	杭州大明万洲金属科技有限公司	47.27	萧山区
61	珀莱雅化妆品股份有限公司	46.33	西湖区
62	杭州诺贝尔陶瓷有限公司	46.05	临平区

排序	企业名称	2021 年营业收入/亿元	所属地区
63	浙江中控技术股份有限公司	45.19	滨江区
64	杭州民生医药控股集团有限公司	42.08	滨江区
65	杭州五星铝业有限公司	40.84	余杭区
66	瀚晖制药有限公司	39.73	富阳区
67	聚光科技（杭州）股份有限公司	37.51	滨江区
68	杭州中艺实业股份有限公司	37.47	余杭区
69	杭州鼎福铝业有限公司	33.98	余杭区
70	杭州富生电器有限公司	32.16	富阳区
71	东方通信股份有限公司	30.37	滨江区
72	南方泵业股份有限公司	30.28	余杭区
73	杭州华旺新材料科技股份有限公司	29.40	临安区
74	浙江建业化工股份有限公司	27.99	建德市
75	杭州永创智能设备股份有限公司	27.07	西湖区
76	圣奥科技股份有限公司	26.42	萧山区
77	杭州优迈科技有限公司	25.96	滨江区
78	认养一头牛控股集团股份有限公司	25.66	余杭区
79	浙江新化化工股份有限公司	25.55	建德市
80	杭州电化集团有限公司	25.44	钱塘区
81	杭州立昂微电子股份有限公司	25.41	钱塘区
82	奥展实业有限公司	25.38	萧山区
83	浙江中大元通特种电缆有限公司	25.37	临平区
84	浙江杭可科技股份有限公司	24.83	萧山区
85	杭州豪悦护理用品股份有限公司	24.62	临平区
86	杭州钱江制冷压缩机集团有限公司	22.96	余杭区
87	杭州中车车辆有限公司	22.23	萧山区
88	利尔达科技集团股份有限公司	22.06	拱墅区
89	浙江华云信息科技有限公司	21.76	西湖区

排序	企业名称	2021 年营业收入/亿元	所属地区
90	杭州前进齿轮箱集团股份有限公司	21.40	萧山区
91	银江技术股份有限公司	20.00	滨江区
92	杭州象限科技有限公司	19.95	桐庐县
93	杭州和利时自动化有限公司	19.90	钱塘区
94	杭州之江有机硅化工有限公司	18.82	萧山区
95	浙江铁流离合器股份有限公司	18.79	临平区
96	杭州热威电热科技股份有限公司	18.02	滨江区
97	建德海螺水泥有限责任公司	17.66	建德市
98	浙江金鑫钢结构集团有限公司	17.49	富阳区
99	杭州比亚迪汽车有限公司	17.41	余杭区
100	华润雪花啤酒(浙江)有限公司	17.32	萧山区

近年来,杭州推进"腾笼换鸟",绝非单一清退低效企业、淘汰落后产能,而是旨在强化各类要素保障,通过改造提升、集聚入园、提容增效、兼并重组、工业上楼、数字化改造等综合施策,全方位引导并助力企业提质增效。2022 年,杭州累计盘活工业用地 20361 亩、腾出用能 49.5 万吨,整理出 100亩以上连片地块 34 宗,200 亩以上 14 宗,500 亩以上 2 宗。2022 年,杭州工业投资增长 21.1%,制造业投资增长 26.4%,连续两年保持两位数增长。

高端装备制造业是浙江省重点发展的七大产业之一。近年来,杭州紧紧围绕打造万亿级高端装备产业生态圈目标,聚焦智能装备、节能与新能源汽车等重点产业链,加快打造国内先进的现代装备产业体系。

当前,杭州明确了智能装备、节能与新能源汽车、先进环保装备、现代能源装备、综合交通装备、高端医疗器械、新一代信息技术装备、特色专用装备、检测与检测设备和关键基础件等十大重点产业链。

2022 年,杭州现有规上高端装备制造业 1876 家,占全市规上工业企业数的 28.3%,实现工业总产值 6355.9 亿元,占全市规上工业总产值的35.0%,增长 5.1%,高于全市 2.4 个百分点;实现营业收入的 7015.8 亿元,占全市规上工业营业收入 34.0%,增长 4.8%,高于全市 1.8 个百分点;实现利润总额 695.6 亿元,占全市规上工业利润总额的 47.5%,增长 6.7%,高于全市 7.2 个百分点。高端装备制造业呈现"发展规模逐渐扩大、发展速度稳中有升"的特点。

分行业看,除综合交通装备外,其他九大产业链企业分布相对均衡,都在 100 家以上,其中现代能源装备产业链企业最多,达到 439 家;在规模总量上,得益于杭州计算机相关制造产业的快速发展,新一代信息技术装备产业链实现产值 2205.4 亿元。现代能源装备产业链依托企业数量较多的优势,实现产值 1303.7 亿元。智能装备和节能与新能源汽车产业链作为杭州高端装备制造产业圈统计重点产业链,分别实现产值 678.8 亿元和 860.3 亿元,也是接下来最有希望突破千亿产值的两大产业链。(见表 6-7)先进环保装备、高端医疗器械等其他产业链,整体上规模偏小。

表 6-7　2022 年杭州市高端装备制造业细分产业情况

	企业数/家	工业总产值		营业收入		利润总额	
		总量/亿元	增速/%	总量/亿元	增速/%	总量/亿元	增速/%
杭州市	1867	6355.9	5.1	7015.8	4.8	695.6	6.7
(1)智能装备	203	678.8	−2.1	759.1	−1.7	47.7	−20.7
①智能机器人	33	89.3	24.1	93.3	23.9	2.4	−45.7
②数控机床	51	45.6	−12.8	55.7	−3.9	2.4	−45.5
③增材制造	6	10.9	51.1	9.9	34.9	0.3	−52.6
④智能物流装备	113	533.0	−5.1	600.3	−4.9	42.6	−16.0
(2)节能与新能源汽车	232	860.3	−1.8	954.8	3.8	48.4	3.8
①汽车整车	10	339.1	−19.4	333.1	−11.4	17.1	−4.0
②汽车电子电控及零部件	199	446.3	14.3	527.9	13.8	28.8	17.0
③智能网联汽车	6	12.3	7.2	11.3	−0.7	−0.1	−119.4
④动力电池	17	62.4	17.7	82.5	21.1	2.6	−30.8
(3)先进环保装备	102	165.5	8.8	182.6	9.9	14.8	−8.1
(4)现代能源装备	439	1303.7	12.0	1552.1	11.9	143.3	17.6
(5)综合交通装备	40	52.4	−12.4	51.1	−15.4	4.0	−8.2
(6)高端医疗器械	145	396.0	37.2	393.2	39.6	121.9	73.5

	企业数/家	工业总产值		营业收入		利润总额	
		总量/亿元	增速/%	总量/亿元	增速/%	总量/亿元	增速/%
(7)新一代信息技术装备	221	2205.4	1.6	2376.3	−1.2	230.7	−13.4
(8)特色专用装备	122	128.6	−0.4	146.5	1.4	11.3	2.0
(9)检测与监测设备	140	312.7	22.5	322.0	16.9	45.9	31.8
(10)关键基础件	223	252.4	−2.5	278.3	−1.5	27.5	36.5

四、杭州市先进制造业的技术需求分析

1.杭州推进智能制造赋能制造业高质量发展的主要做法与进展

近年来,杭州突出以制造业为主体,强化制度设计和服务支撑,通过数字经济赋能制造业改造,通过制造业转型带动数字经济升级,实现"双引擎"同向发力、创新提升,局部基础性、引领性、趋势性成果加速显现。

(1)在产业链变革方面,推进大中小企业融通发展。鼓励龙头骨干企业实施供应链协同数字化改造,支持建设供应链对接平台,实施零部件匹配、原材料集中采购分销、创新要素资源分享等服务,促进中小企业深度融入大企业的供应链、创新链。支持大型企业立足行业共性需求,搭建资源和能力共享平台,在重点领域实现设备共享、产能对接、生产协同,积极推进共享制造。目前,中控、蒲惠等主流的数字工程服务机构,已经完成管理和服务产品的 SaaS 化转型,各类工业互联网平台开发 App 软件 3 万余款、服务工业企业 50 万余家。

(2)在工业互联网方面,加速完善生态体系构建。依托数字经济先发优势和国际级软件名城集聚效应,同时借助阿里云和中控的服务能力,杭州加快构建"1+N"工业互联网平台体系,推动平台型制造,赋能全国制造业数字化转型。截至目前,全市拥有国家级跨区域跨行业工业互联网平台 1 个(SupET),省级工业互联网平台 56 个(占全省 26%);在工业互联网的标识解析方面,杭州虽然没有国家顶级节点,但迈迪网二级节点工业互联网标识注册量目前已超 8000 万个,在面向工业装备领域的应用数量方面稳居全国第一。

(3)在数字"新基建"方面,夯实数字经济与制造业融合发展基础。深入

推进数字新基建,制定完善三年行动计划,围绕 5G、数据中心、人工智能等领域,加快推进新一代数字经济基础设施建设,2020 年杭州市累计建成 5G 基站 20430 个,核心主城区、县域核心城区以及主要园区实现网络全覆盖,在工信部的 5G 移动网络测试中信号质量位居全国第一。国家(杭州)新型互联网交换中心顺利落户萧山区并启用,该中心将对推动工业互联网创新、有效、快速发展具有重要支撑作用。

(4)在制造业服务化转型方面,加速数字经济赋能现代服务业。围绕产品迭代、模式创新和新场景应用,5G、大数据、人工智能等新一代数字技术加速向传统产业渗透,杭州推动形成制造业与数字经济、现代服务业互促共进的发展态势。如"5G＋工业互联网"、AI 图像识别技术、"AR＋VR"等技术在智能终端产品、产线质量检测、产品运行维护等领域的应用推广非常迅速。具体如大胜达成立了 5G 智能制造创新实验室,在智能仓储系统中,将 AGV 小车的反应速度从 50 毫秒降至 20 毫秒;在原纸筒码管理系统中,视觉识别检测技术应用于物资出入库登记、印刷品质的自动识别检测等场景,生产流程得到进一步优化。老板电器作为省内第一批"未来工厂",创新应用 5G、人工智能、工业互联网、边缘计算等先进技术,通过建设"1 个数据中心＋N 个协作平台",实现实时接收全球线上/线下订单,并基于客户需求,动态调整设计、采购、生产和物流方案,有效联动产业链上下游,全面优化资源配置。杭叉集团运用"5G＋工业互联网"技术,自动识别客户的需求,成功实现不同颜色和型号的叉车在同一个流水线上柔性装配,极大提升了企业既有的生产能力。

2.杭州市先进制造业的技术优势

目前,杭州制造工业在全国处于行业领先地位的产品有:大型成套空分设备、工业汽轮机、各类余热锅炉、船用齿轮变速箱、平面磨床、自动扶梯、高空作业车、万向节、电能表、叉车、电动工具、工业链条等。在行业中具有较强竞争力的产品有:中小型水力发电设备、输变电设备(高低压开关、变压器、电力电缆)、垃圾焚烧锅炉、汽车轮毂单元、汽车制动器、离合器、摩擦材料等。

杭州发展制造业具备良好的基础与条件:

(1)数字经济领跑全国。当前杭州正在全力打造全国数字经济第一城,国家新一代人工智能创新发展试验区、国家人工智能创新应用先导区先后获批,国家新型互联网交换中心试点成功落户,云计算大数据、物联网、数字安防等数字化产业水平不断增长。2022 年,杭州全年数字经济核心产业实现增加值 5076 亿元,占 GDP 的比重为 27.1%,增速高于全市 GDP 增速 1.3 个百分点,数字经济高速发展的格局已经形成。赛迪顾问发布的《2022 中国数字经济发展研究报告》显示,杭州在百强城市中位居第四。数字经济发展全国领先优势将成为杭州制造业高质量发展的核心动力和主要亮点。

(2)双创平台优势明显。近年来,杭州各类产业创新平台不断涌现。整合设立了定位为"世界级智能制造产业集群"的钱塘区,相继布局了城西科创大走廊、城东智造大走廊等创新创业大廊带,国家实验室实现零的突破,2个大科学装置加快推进,11 个全国重点实验室获批建设,10 个省实验室杭州占 7 席,"1+2+11+7+N"的新型实验室体系不断健全。目前,杭州全市已累计认定国家级高新技术产业园区 2 家、省级高新技术产业园区 10 家、国家大学科技园 5 家、市级以上孵化器(众创空间)513 家,全市运营孵化空间总面积超过 530 万平方米。不断完善的产业创新平台体系,为杭州制造业加速发展前瞻性领域和吸引高端人才提供了良好的创新生态系统支撑。

(3)民营龙头企业已初具规模。随着城市首位度大幅提升,杭州已成为全国民营龙头企业集聚度最高和产业资本最密集、最丰富的地区之一。杭州拥有世界 500 强企业 8 家,全国 500 强企业 22 家,民营企业 500 强 41 家,国家级制造业"单项冠军"企业 26 家,国家专精特新"小巨人"企业 208 家,上市公司 285 家。这支以民营为特色的龙头企业队伍是杭州制造业高质量发展的中坚力量。

(4)高端制造领域国际竞争力强。近年来,杭州聚焦电子信息制造、高端装备、生物医药等细分领域,不断推进核心技术攻关,竞争力不断提升。如电子信息制造领域,海康威视、大华股份、宇视科技囊括数字安防产业全国前三名,占全国市场份额 50% 以上,新华三的网络和交换机市场份额位居全国第一;高端装备制造领域,杭汽轮股份打破国外企业在超大型空分装置关键动力设备配套方面的垄断,"西子联合"成为全国唯一一家入围 C919 大飞机机体供应商行列的民营企业;生物医药领域,贝达药业抗癌药物盐酸埃克替尼等产品是我国制造业的突破性创新。

制造业部分领域实现核心技术突破,既保证了企业在原有领域的领先地位,也使得企业向相关产业顺利扩张成为可能。近年来,杭州之江有机硅公司的建筑用有机硅密封胶荣获"2022 年第七批制造业单项冠军产品"称号;杭州制氧机集团股份有限公司参与研制的"400 万吨/年煤间接液化成套技术创新开发及产业化""复杂原料百万吨级乙烯成套技术研发及工业应用"两个项目获 2020 年度国家科学技术进步奖一等奖;浙江吉利控股集团旗下浙江浩瀚能源科技有限公司参与编制的《电动汽车充电桩产品安全技术要求和测试评价方法》填补了国内电动汽车充电桩信息安全技术标准的行业空白;杭汽轮研制的全球功率最大驱动用工业汽轮机——150 万吨/年乙烯装置驱动用工业汽轮机,创下国际首台套的新纪录,达到全球顶尖水平。

3.杭州市先进制造业基地建设规划、产业发展和结构调整

(1)加快发展高新技术产业。充分发挥比较优势,按照产业化、集聚化、国际化的方向,加强引进创新和自主创新,重点发展电子信息、新医药和仪器仪表产业,大力培育新材料产业和海洋相关产业,推进形成一批具有国际竞争力的优势产业、一批集聚效应突出的产业基地和一批引领全国产业发展的大企业,构筑国家高技术产业重要基地,增强全国试点城市的地位和作用。

(2)积极发展装备制造业。装备制造业是推进工业化的先导产业,要立足产业链高点,推动产学研联合攻关,提升集成配套能力,大力发展光机电一体化装备、大型电力装备、大型石化装备、精密数控装备等重大技术装备制造业,积极发展汽车及零部件、齿轮变速箱系列、电梯及相关产品、叉车等物流设备、空分及深冷设备、锅炉等具备一定基础优势的装备制造业,培育环保设备、清洁能源相关设备、特种船舶及相关船用设备、地铁工程设备;壮大一批具有自主知识产权的重大装备品牌,发展一批大型装备制造企业和装备制造业功能区,提升装备制造业自主创新能力和竞争力,力争使杭州市成为全国装备制造业的重要基地。

(3)提升发展传统优势产业。纺织服装、建筑材料、食品饮料、家用电器等是杭州市传统优势产业,要实现由模仿创新、贴牌生产为主向自主创新、自创品牌为主的转变,由"杭州制造"向"杭州创造"的提升;培育一批大企业、大集团,打造一批知名品牌、驰名商标;实现杭州市传统优势产业的跨越式发展。

(4)适度发展化学工业。注重产业布局和技术结构、产品结构调整,适度发展化学工业。利用靠近上海、宁波、舟山石油化工基地和东海油气资源优势,采用先进生产工艺和技术,适度发展精细化工、日用化工和石化工业。发展低污染、高附加值的石化下游产品,延伸杭州湾石化工业产业链;做优新型环保染(颜)料、涂料、特色农用化工,做大氟硅系列、高档专项精细化学品,做强高等级子午线轮胎、橡胶加工产业;培育有机硅、电子化学品、纳米

化工材料等高科技精细化工产品。

（5）巩固发展都市型工业。以都市生活消费市场为导向，重点发展印刷包装业、旅游用品设计与制造、音像制品业、眼镜钟表首饰加工业、都市农产品深加工等；加强对杭州市优秀传统工艺美术的保护和开发，积极开展传统工艺美术品种和技艺、工艺美术精品和大师认定保护工作，重点扶持剪刀、绸伞、扇艺、铜雕、刺绣、织锦等工艺美术产品的发展。

（6）调整优化资源消耗型产业。坚持有退有进、有所为有所不为的原则，及时调整技术水平落后、资源利用率不高、环境污染严重、与城市发展内涵不协调的低端落后产业，为科技含量高、经济效益好、资源消耗低、环境污染小、体现城市品位的高端制造业营造广阔空间。

五、杭州市先进制造业技术预见方法选择

各类技术预见方法适用于不同的预见对象，可以在不同的预见过程中运用，而先进制造业的技术发展有其自身的特点，因此，我们需要根据预见方法与先进制造业技术特征的融合有效程度，对其进行合理性、科学性分析。同时，我们还要考虑国家、地区、城市、行业等不同层次的技术预见活动对方法论的要求，以及数据和信息的可获得性，来选择适合杭州地区层面的先进制造业技术预见方法。（见表6-8）

表 6-8 若干技术预见方法的比较及选择

方法	基本假设	优点	缺点	主要适用情形	是否选择
德尔菲法	假设专家的预测意见比较有效且能通过多轮调查逐步一致；群体决策易受权威影响	在一定条件下征询较多专家的意见，决策民主化与社会化	受被选专家素质影响；成本高、周期长、工作量大	预见未来10—30年技术发展的概率和时间点，为政府制定规划服务	选择
情景分析法	假设未来事件发生的可能性；少许资料能作有效预见	列出几种可能发生的情景，较为直观和具体地呈现未来不确定性	可能由于过多的想象偏离预见的主题	对于十分复杂且高度不确定性的非技术性环境可进行有效选择	不选择
头脑风暴法	假设每个专家对预见内容十分了解，且能畅所欲言	在较短时间内得到富有创建的预见结果	易受权威和表达影响，易偏离预见主题	用于竞争性、创造性较强领域，用于预见初期	选择

续　表

方法	基本假设	优点	缺点	主要适用情形	是否选择
专利分析法	专利可以反映未来的发展方向,专利集中度能反映重点	搜索技术使专利分析变得可行;获得与专利相关的信息	专利分类和经济分类的关系难以梳理;先进技术未申请专利	具有较强相关性的技术领域的预见	选择
技术路线图法	技术及其他相关因素的发展存在路径依赖	能厘清技术发展的历史和未来发展脉络	不适合具有大量分支的技术发展途径预测	基于公司或产业愿景的技术路线预见	不选择
SWOT分析法	战略根据面临的内外环境而制定和变化	具有系统分析思想,结论带决策性,分轻重缓急	更注重当前的发展环境,发展趋势预见效果不强	适合直接面临较强外部环境影响的研究主题	选择
趋势外推法	未来系过去和现在连续发展的结果	历史数据和逻辑推理相结合	更多考虑技术供给趋势,对社会需求考虑较少	具有完备历史数据的技术发展趋势	不选择

　　通过对各类技术预见方法的比较,结合先进制造业技术发展特征与杭州市发展现状,我们认识到技术预见过程中,随着预见方法的综合化和融合性不断加强,技术预见不但是方法的融合,也要与政府规划和项目选择相结合。

　　具体到杭州先进制造业技术预见方法的选择,我们认为:

　　(1)专利分析法,能通过专利分析较好地掌握未来技术的发展趋势,并且能通过数据库和搜索技术,详细整理分析制造业各个领域的专利集中度,适合在先进制造技术预见早期为筛选技术领域提供参考。

　　(2)头脑风暴法,能迅速集中对先进制造技术和市场发展具有权威意见的专家,对技术本身和本地实际进行完整考量,将创造性和现实性结合起来;适合在先进制造技术预见的前期和后期,就技术备选清单和最终调查结果进行研究,把握整体方向。

　　(3)德尔菲法,能最大范围地征询杭州市机械相关领域专家的意见,通过控制专家结构,满足行业发展多样性的需求,有效体现技术预见的民主化和普遍性;能够通过多轮反馈获得相对一致的结果和有关重大突破性技术事件的信息;德尔菲法适合应用于先进制造技术预见的主要阶段,能提高预见的精确性和可靠度。

　　(4)SWOT分析法,能在技术发展研究基础上,客观地分析特定技术对城市发展、产业进步、应对竞争方面的作用,挖掘有利因素、规避不利环境,明确技术领域发展重点,适合在技术预见后期,根据其他预见结果,结合杭州发展战略环境,选择科技发展的重点方向。

六、杭州市先进制造业相关数据统计及计算处理方法

杭州先进制造业技术预见以德尔菲法为主要预见方法,由于专家样本的限制及其知识结构的差异,统计性结果与现实产业分布情况具有一定差距;在德尔菲调查筛选过程中,由于专家主观想法与客观存在差异,最后调查结果必然存在一定的局部失真情况。因此,为了提高德尔菲调查的科学性,增强统计结果的参考意义,我们尽量完善了本次德尔菲调查的设计与操作。

德尔菲调查问卷主要涉及四大方面问题,即技术课题的选择、问题栏目(指标)的设计、技术专家的选择、调查结果的统计处理。杭州先进制造业技术预见德尔菲调查既要与国际成熟的技术预见德尔菲调查惯例接轨,又要符合区域产业技术预见的实际情况。故成立杭州先进制造业技术预见课题组,通过结合本地专家网络分布与产业发展特色,制订一套切合杭州先进制造业发展实际的研究方法开展技术预见活动。

以下,是对杭州先进制造业技术预见的实证研究,时间跨度为 2007—2008 年。

1.技术课题的选择

为了筛选技术预见的备选技术课题,形成涵盖类型较广、处于发展前沿且切合杭州实际的技术课题备选清单,技术预见课题组与浙江工业大学、中国机械科学研究院浙江分院部分机械制造专家一起,进行了严格的技术课题清单整理筛选工作。

(1)搜集了中国机械科学研究院先进制造技术发展前瞻研究课题组、上海市科技发展重点领域技术预见研究项目组等相关研究组织的研究成果,结合我国和日本有关制造业产业规划和技术预见相关报告的内容,并通过参考机械类基础性专著和教科书等有关制造技术分类体系的内容,形成了较为完整的先进制造技术项目汇总初表,项目总量达 2000 项左右。主要参考资料有:

◆杭州市先进制造业基地建设重点领域关键技术及产品导向目录

◆上海先进制造业技术指南

◆深圳市产业导向目录

◆中国技术前瞻报告

◆上海技术预见报告

◆日本第 8 次技术预见

◆国家中长期科学和技术发展规划战略研究报告

◆《先进制造技术》,中国电力出版社

◆《先进制造技术》,机械工业出版社

◆《先进制造技术》,中国科技出版社

◆《先进制造技术》,北京理工大学出版社

◆《先进制造技术》,化学工业出版社

◆《先进制造技术》,中国矿大出版社

◆《先进制造技术》,清华大学出版社

◆《先进制造技术导论》,科学出版社

(2)经过机械专家和课题组的初步筛选和分类,形成备选技术课题调查表,表中列出了 10 大类、428 项目,其中:

◆现代设计技术 28 项

◆先进成形技术 19 项

◆先进加工技术 20 项

◆制造业信息化技术 17 项

◆绿色制造技术 10 项

◆控制检测技术 29 项

◆仪器仪表元器件关键技术 40 项

◆交通装备与技术 53 项

◆环保装备与技术 30 项

◆成套及专用设备技术 62 项

(3)在技术课题调查表基础上,邀请政府、研究院所、高校的 27 名制造类专家组成咨询专家组,对调查表所列 10 类、428 项技术课题进行筛选,选择其认为对未来杭州市先进制造业发展将起关键作用的 200 项左右的技术课题,并请专家根据自身经验与观察,结合杭州实际补充填写新技术课题。专家选择与补充技术项目的参考标准是:

◆未来 5—10 年该项技术在杭州市有重大市场需求或能创造市场需求

◆该项技术的广泛应用能提升产业技术水平与效率,促进产业发展

◆该项技术可有效改善杭州市民生活品质

◆该项技术有利于杭州市形成自主知识产权

（4）经过 27 位专家的选择、补充，以及后期的统计排序，确定杭州先进制造技术预见技术课题备选清单（见附录），经过论证后的制造技术项目合计 81 项，分为 10 大类。

2.问卷指标的设计

德尔菲调查问卷的指标经过国内外多年技术预见研究的实践，已渐趋成熟，本次杭州先进制造业技术预见的德尔菲调查问卷指标设计，参考了日本、中国科学院、上海市科学学研究所组织技术预见的德尔菲调查问卷指标体系，并根据杭州区域实际，制订完善了德尔菲调查问卷指标体系。（见表6-9）

（1）专家熟悉程度。专家对各项技术课题的熟悉程度，分为"很熟悉""熟悉""较熟悉""不熟悉"4 级，参加调查的专家根据定义的等级判断自己对某项技术课题的熟悉程度，进行单项选择；如不熟悉该课题，也可以不进行相关选择。

很熟悉：长期从事该课题研究或相关工作，专业知识积累较为深厚。

熟悉：现从事相同领域课题研究或相关工作，熟悉该领域专业知识。

较熟悉：曾经从事同一方向课题研究或了解过相关课题，具备一些该课题的专业知识，但不是这方面的专家。

不熟悉：曾经接触或听说过相关课题，但不具备专业知识；或者根本不了解。

（2）对杭州的重要性。专家通过 3 个二级指标对某项技术课题的重要性进行判断。

①经济发展。对杭州经济发展的促进作用，主要考虑促进区域产业经济发展、产业链的形成和满足市场需求的作用，分为"高""中""低""无"4 级，专家根据某项技术课题对杭州经济发展的影响力，进行单项选择。

高：技术课题的实现对杭州经济发展的促进作用非常显著。

中：技术课题的实现对杭州经济发展的促进作用比较显著。

低：技术课题的实现对杭州经济发展的促进作用一般。

无：技术课题的实现对杭州经济发展没有任何促进作用。

②生活品质。对杭州市民生活品质的促进作用，主要考虑满足市民生活需求和环境友好、资源节约方面的因素，分为"高""中""低""无"4 级，专家根据某项技术课题对杭州市民生活品质改善的影响力，进行单项选择。

高：技术课题的实现对杭州市民生活品质的改善作用非常显著。

中：技术课题的实现对杭州市民生活品质的改善作用比较显著。

低：技术课题的实现对杭州市民生活品质的改善作用一般。

无：技术课题的实现对杭州市民生活品质的改善没有任何促进作用。

③自主创新。某项技术课题对杭州自主创新能力的提升作用，通过"未来5年能否形成自主知识产权"来做基本判断。专家对于认为能在5年内形成自主知识产权（专利）的技术课题，选择"是"；认为不能形成的，选择"否"。

（3）预期实现时间。专家判断某项技术课题在杭州的实现时间，分为"5年之内""5至10年""10年以上"3个时间段；对于不能确切估计实现时间的技术课题，专家可选择"无法预期"。

（4）技术水平。指与国内领先地区比较，杭州在某项技术课题上的相对技术水平。如果是杭州已经研发成功的项目，则比较其社会应用程度。具体分为"领先""持平""落后5年以内"和"落后5年以上"4级，专家可根据判断进行单项选择。

（5）制约因素。分为6个选项，专家可根据某项技术课题实现过程中面临的主要障碍，进行多项选择。

人力资源：缺乏该技术课题相关专业技术人员，以及相关技术人员的培养、教育、引进和激励等措施不完善。

产学研合作：产业部门、研究机构、高校和政府等组织之间开展的关于该技术课题的合作与交流不充分。

研发投入：企业、研究机构、政府等组织对该技术课题投入的研究开发经费不足。

产业化资本：风险投资、产业化资金和产业资本等促进该技术课题产业化应用的资金投入不足。

研发设施：企业研发平台或公共技术平台等能促进该技术课题研发和应用的R&D设施不完备。

政策法规：促进该项技术课题研发和应用的政策制度环境不完善。

（6）政府介入的必要性。专家可通过分析某项技术课题的性质，判断该项技术课题研发应用过程中政府介入的必要性，分为"高""中""低""无"4级，进行单项选择。

在评价体系中增设政府介入除了技术预见结果主要是为科技政府决策服务的原因外，还因为部分研究课题具有以下方面的属性：

①技术课题及其应用成果的性质,公共性程度较高。

②技术课题及其应用成果对杭州社会经济发展具有战略性意义。

③技术课题的研发和应用门槛较高,具有较大的不确定性,需要一定预研性支持。

④需要整合大量的创新资源,非政府部门难以统筹协调或掌控。

⑤其他有关市场机制较易失灵的情况。

(7)技术发展途径。某项技术课题的发展途径分为再创新、自主创新、联合创新和引进应用。专家可根据技术课题发展的主要途径进行单选。

再创新:对国内外技术成果进行改良,在此基础上进行技术创新或集成创新。

自主创新:通过原创性的科学发现和技术发明获得突破性进展。

联合创新:依靠与已取得技术成果的地区和机构进行合作研究实现创新技术。

引进应用:直接引进外界已有技术并应用,不进行研究开发。

表 6-9　杭州先进制造业技术预见的德尔菲调查问卷(样卷)

您对该课题熟悉程度				该课题对杭州的重要性								预期实现时间			
				经济发展				生活品质				自主创新:未来5年形成自主知识产权		预期实现时间	
很熟悉	熟悉	较熟悉	不熟悉	高	中	低	无	高	中	低	无	是	否	5年之内	5至10年	10年以上	无法预期

与国内领先地区比较,杭州市的技术水平				制约因素						政府介入的必要性				技术发展途径			
领先	持平	落后5年以内	落后5年以上	人力资源	产学研合作	研发投入	产业化资本	研发设施	政策法规	高	中	低	无	再创新	自主创新	联合创新	引进应用

3. 技术专家的选择

杭州市先进制造业技术预见研究,充分吸取了包括在杭院士在内的各类制造业管理专家、技术专家、科研专家的意见,最大限度地反映了杭州先进制造业技术发展的需求、潜力和前景。

(1)课题组确定备选技术清单咨询专家 27 人,其中:研究型专家 15 人,主要来自高校和科研院所,占 55.6％;管理型专家 12 人,主要来自政府和相关管理机构,占 44.4％。此次专家会议没有邀请企业专家,是因为研究型专家的相关专业知识面较企业专家更广。但在德尔菲调查阶段将邀请较多数量的企业专家参加,并给予技术课题补充的权利。

(2)德尔菲调查第一轮,共设置被调查专家 60 人。专家主要组成分三大类,其中:企业专家占 40％,为 24 人;大学与研究机构专家占 40％,为 24 人;政府和管理机构专家占 20％,为 12 人。企业专家主要邀请杭州市大企业大集团、重点培育企业、拟扶持中小型企业名单中的机械类企业的总工和技术专家,单个企业中的专家不超过 2 人;大学与研究机构 24 人中,有 2/3 的机械制造类专家,即 16 人,其他 1/3 为经济管理类、计算机信息类、材料与环境类等专家,即 8 人,以使德尔菲调查结果兼顾参考信息、社会、经济、环保类专家的意见;政府和管理机构的 12 人,除了邀请政府主管部门领导、行业管理专家外,也邀请了部分软科学研究专家。

(3)德尔菲调查采用网上调查的方式,每位专家通过唯一的用户名和密码登录点评系统进行回复。第一轮的有效回复问卷达 52 份,占被咨询专家总数的 86.7％。这 52 位专家构成德尔菲调查第二轮的专家群,德尔菲调查第二轮的有效回复问卷为 42 份,回复率为 80.8％。

4. 调查结果的统计处理方法

(1)赋值说明。根据专家对技术课题的熟悉程度,课题组对其产生权重不同的影响进行了赋值:"很熟悉"权重赋值为 1,"熟悉"权重赋值为 0.75,"较熟悉"权重赋值为 0.5,"不熟悉"权重赋值为 0。即对技术课题很熟悉的专家回答一次算一个标准人,熟悉的专家回答一次算 0.75 个标准人,其他以此类推。

(2)预期实现时间计算方法。本次技术预见的技术课题预测时间跨度为 15 年,对预期实现时间的预测采用如下模型:

预期实现时间(t):$t = 2010a + 2015 \times b + 2020 \times c$

其中 a 表示预期实现时间在 2008—2012 年间的专家的标准人数占总

标准人数的百分比；b 表示预期实现时间在 2013—2017 年间的专家标准人比例；c 表示预期实现时间在 2018—2022 年间的专家标准人比例。

（3）技术课题重要性计算方法。选择对杭州经济发展和生活品质重要度的高、中、低、无，分别赋值 1.0、0.75、0.5 和 0。

①经济发展重要性指数：$IMe = (a + b \times 0.75 + c \times 0.5)/(a + b + c + d)$

②生活品质重要性指数：$IMj = (e + f \times 0.75 + g \times 0.5)/(e + f + g + h)$

③自主创新指数：$IMi = i/j$

④政府介入必要性指数：$IMg = (k + l \times 0.75 + m \times 0.5)/(k + l + m + n)$

⑤综合重要性指数：$IMh = IMe \times 0.5 + IMj \times 0.3 + IMi \times 0.2$

⑥综合介入必要性指数：$IMz = (IMh \times IMg)^{0.5}$

其中，a、b、c、d 分别表示选择经济发展重要性为高、中、低、无的标准人数；e、f、g、h 分别表示选择生活品质重要性为高、中、低、无的标准人数；k、l、m、n 分别表示选择政府介入必要性为高、中、低、无的标准人数；i 表示选择未来 5 年可以形成自主知识产权的标准人数；j 表示某项技术课题总的标准人数。

德尔菲调查指标体系从经济发展、生活品质、自主创新 3 个指标考虑某项技术课题对杭州的综合重要程度，且这 3 个指标分别设置权重 0.5、0.3 和 0.2；并增加政府介入必要性指数，得到综合介入必要性指数，综合考虑某项技术课题的重要性和政府介入必要性，从而估计该项技术课题的技术选择必要性。

另抽取一个项目（"精确高效塑性成形技术"），在不说明的情况下重复提交专家投票，得到的结果与第二次德尔菲调查结果误差在 1%。因此，课题组认为本次德尔菲调查结果具有可信度。

7

第七章 杭州市先进制造业技术预见结果分析

一、德尔菲调查主要指标分析

1.数据处理说明

(1)将各个项目的经济发展重要性指数、生活品质重要性指数、综合重要性指数的数据除以该项目的标准人数,得到这几个综合指标的标准值。

(2)将各个项目的人力资源、产学研合作、研发投入、产业化资本、研发设施、政策法规等制约因素的数据除以该项目的标准人数,得到各个方面的制约度。

(3)将每个项目的再创新、自主创新、联合创新、引进应用等技术发展途径的数据除以该项目的标准人数,得到这几个途径的标准值。

(4)将预期时间减去当前时间点 2008 年 5 月,得到预期实现的时间长度。

(5)通过 Excel 数据处理,并运用 SPSS 软件进行描述性统计和相关性分析。

2.描述性统计分析

(1)经济发展重要性指数与生活品质重要性指数。

经济发展重要性指数反映了专家对各先进制造业技术课题在促进杭州经济发展重要性方面的肯定程度。79.01%的技术课题(64 个)位于 0.8 到 0.9 之间,集中度较高;平均值达 0.844,平均每个课题,有 84.4%的专家给予了认可,专家认可度较高。得分在 0.8 以上的课题有 72 个,占总数的 88.89%,大多数课题得到专家高度认可,认为其对杭州经济发展重要性较

高。（见图 7-1）

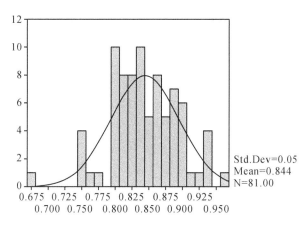

图 7-1 经济发展重要性指数

注：图表横轴为指标值，纵轴为技术课题频数。下同。

生活品质重要性指数反映了专家对各先进制造技术课题在促进杭州生活品质重要性方面的肯定程度。97.53％的技术课题（79 个）位于 0.725 到 1 之间，集中度较高；平均值为 0.833，专家认可度较高。得分在 0.8 以上的课题有 46 个，占总数的 56.79％，过半数技术课题对生活品质的重要性得到了专家的高度认可。（见图 7-2）

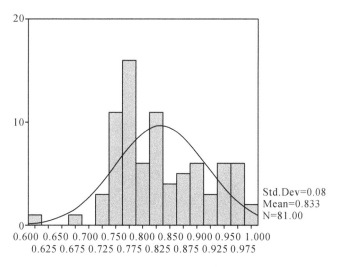

图 7-2 生活品质重要性指数

从平均值比较来看，本次技术预见的备选课题质量较好，对促进经济发展和提高生活品质都有较强的推动作用,81 个技术课题的经济发展重要性要稍高于生活品质重要性;从重要性指标的项目频数来看,生活品质重要性的项目分布较为平均,相对离散度较高。

(2)自主创新指数。

该指标反映了专家对 81 项先进制造技术课题未来 5 年取得自主知识产权可能性的判断。97.53%的技术课题(79 个)位于 0.6 到 1 之间,平均值为 0.823,得分较为平均。反映了专家对 81 个先进制造技术课题在未来 5 年取得自主知识产权的预期较为乐观,高度认同多数课题取得自主产权的前景。特别是有 23 个课题得分接近 1,表示专家认为这些课题未来 5 年几乎肯定能取得自主知识产权。

得分在 0.8 以上的课题有 50 个,占总数的 61.73%,6 成多课题得到专家高度认可。(见图 7-3)

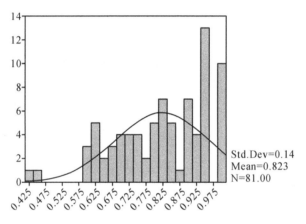

图 7-3　自主创新指数

(3)综合重要性指数。

该指标反映了专家对各先进制造业项目对杭州综合重要程度的判断。95.06%的技术课题(77 个)位于 0.75 到 0.925 之间,平均值为 0.837,表明专家认为备选技术课题整体的综合重要性较高。分布曲线较为陡峭,反映了 81 个先进制造技术课题得分较为集中。(见图 7-4)

得分在 0.8 以上的课题有 61 个,占总数的 75.31%,大多数的课题得到专家高度认可,被认为对杭州具有较高的重要性。

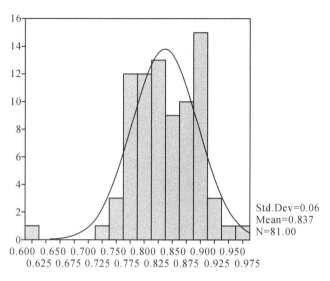

图 7-4 综合重要性指数

（4）预期实现时间。

该指标反映了专家对各先进制造技术课题预期实现时间的判断。2009—2012 年之间实现的课题比例最高,达 88.89%。（见图 7-5）

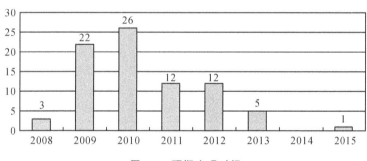

图 7-5 预期实现时间

将预期时间减去当前时间点 2008 年 5 月,得到技术课题预期实现的时间长度。从描述性统计图中可以看出,96.30% 的课题（78 个）位于 0 到 4 之间,平均值为 1.82,大部分课题将在 4 年内实现,仅有 3 个项目在 5 年后实现。（见图 7-6）

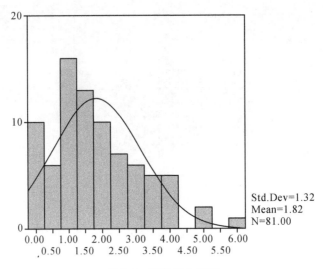

图 7-6　预期多久实现

（5）技术水平。

该指标反映了专家对杭州在各先进制造技术课题上的领先程度的判断。与国内领先地区比较，分领先、持平、落后 5 年、落后 5 年以上 4 个档次，杭州市先进制造业技术水平以持平为主。（见图 7-7）

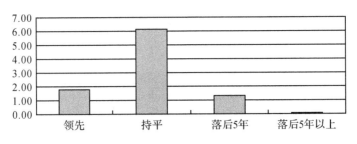

图 7-7　技术水平

对技术水平领先度作描述性统计，92.59％的技术课题（75 个）位于−0.38 到 0.38 之间，集中度较高；平均值为 0.02，即平均领先 0.02 年。曲线较平，得分较为平均，表明专家认为先进制造技术课题的技术水平以持平为主，技术绝对领先和落后很多的课题亦较少。（见图 7-8）

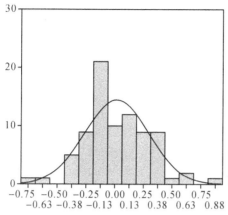

图 7-8 领先度

（6）制约度。

制约因素包括人力资源、产学研合作、研发投入、产业化资本、研发设施、政策法规等六大方面。研发投入所占比例最高，产学研合作和人力资源因素分居第 2、第 3 位。表明资金、人才是制约杭州市先进制造业发展的主要问题，产学研合作亦是重要的制约因素。（见表 7-1）

表 7-1 各类制约因素的比重

制约因素	人力资源	产学研合作	研发投入	产业化资本	研发设施	政策法规
比重/%	20.14	26.06	32.67	8.84	7.73	4.56

①人力资源制约度。该指标反映了专家们对各先进制造技术课题受人力资源制约的判断。88.89%的技术课题(72 个)位于 0.38 到 0.69 之间，集中度较高；平均值为 0.54，课题受人力资源制约的程度一般。曲线较陡峭，得分较为集中，表明受人力资源制约的程度差别不大。得分在 0.8 以上的课题有 4 个，表明少数几个课题受人力资源约束很大。（见图 7-9）

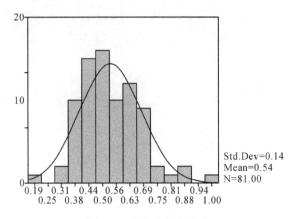

图 7-9　人力资源制约度

②产学研合作制约度。该指标反映了专家对各先进制造技术课题受产学研合作制约的判断。88.89%的技术课题(72 个)位于 0.44 到 0.94 之间,集中度较高;平均值为 0.68,曲线较平坦,呈正态分布,得分较为平均。可以看出,专家认为先进制技术课题受产学研合作制约的程度较深。得分在 0.8以上的课题有 18 个,占总数的 21.95%,有近 1/5 的课题被专家高度认为受产学研合作制约较大。因此这些项目的实施要注意依据技术课题的特点采用产学研结合来解决关键技术瓶颈。(见图 7-10)

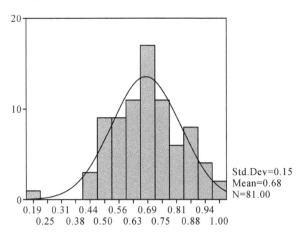

图 7-10　产学研合作制约度

③研发投入制约度。该指标反映了专家对各先进制造技术课题受研发投入制约的判断。平均值为 0.87,曲线较平坦,得分较为分散,在 0.85 到 1之间有较多课题集中。表明专家总体认为先进制造技术课题受研发投入制

约的程度深,特别是有 13 个技术课题得分为 1,研发投入是 81 项技术课题整体的主要制约因素。因此在技术课题实现过程中要注重加大研发投入。得分在 0.8 以上的课题有 61 个,占总数的 75.31%,大多数课题受到研发投入的严重制约。(见图 7-11)

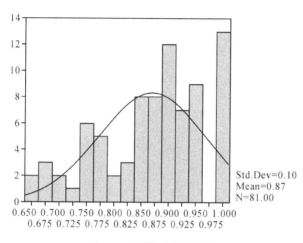

图 7-11 研发投入制约度

④产业化资本制约度。该指标反映了专家对各先进制造技术课题受产业化资本制约的判断。平均值为 0.23,曲线较陡峭,集中度较高;得分集中在 0 到 0.45 之间。可以看出,专家认为总体而言这些先进制造技术课题受产业化资本制约的程度较轻,仅有少数几个技术课题受影响稍大些。江浙民间资本丰富,可以很好地为项目提供支持。(见图 7-12)

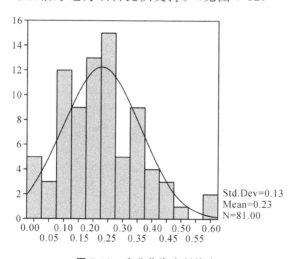

图 7-12 产业化资本制约度

⑤研发设施制约度。该指标反映了专家对各先进制造技术课题受研发设施制约的判断。平均值为 0.21，曲线较陡峭，集中度较高；得分集中在 0 到 0.45 之间。表明专家认为总体而言这些先进制造技术课题受研发设施制约的程度较轻，仅有一项受影响稍大。这可能是因为杭州多年来重视自主创新能力建设，构建了大批公共技术服务平台，大型科学仪器设备协作共用平台运作卓有成效，提供了充足的研发设施。（见图 7-13）

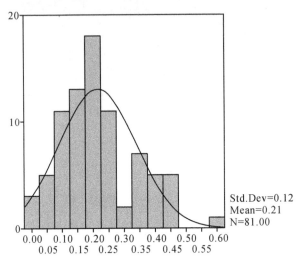

Std.Dev=0.12
Mean=0.21
N=81.00

图 7-13　研发设施制约度

⑥政策法规制约度。该指标反映了专家对各先进制造技术课题受政策法规制约的判断。平均值为 0.12，曲线较陡峭，集中度较高，且明显左偏，得分集中在 0 到 0.2 之间。可以看出，专家认为总体而言先进制造技术课题受政策法规制约的程度很小，仅有少数几个技术课题受影响稍微大些。政策法规一般只能影响到产业的发展，而对具体技术课题的影响较少。（见图 7-14）

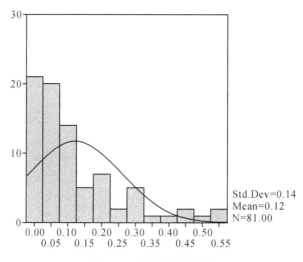

图 7-14 政策法规度制约

（7）政府介入必要性指数。

该指标反映了专家对各先进制造技术课题需要政府介入的必要性判断。81 个技术课题中，政府介入必要性高的有 53 个（得分在 0.75—1 之间），占 65.43%。（见图 7-15）

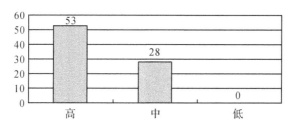

图 7-15 政府介入必要性

对政府介入必要性进行描述性统计，平均值为 0.784，曲线较陡峭，集中度较高；得分集中在 0.7 到 0.825 之间。可以看出，专家认为总体而言这些先进制造技术课题需要政府介入的必要程度比较高。（见图 7-16）

得分在 0.8 以上的课题有 25 个，占总数的 30.86%，表明三成多技术课题的开展必须要有政府的积极介入。

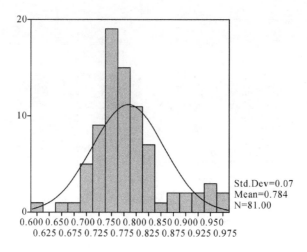

图 7-16　政府介入必要性指数

（8）综合介入必要性指数。

该指标综合反映了专家对各先进制造技术课题需要政府介入的必要性以及对杭州的重要性的综合判断，是技术预见最后进行课题重要性排名和选择的主要依据。所有 81 项技术课题的平均值为 0.54，曲线较陡峭，集中度较高；得分集中在 0.75 到 0.875 之间。可以看出，专家认为总体而言这些先进制造技术课题对杭州发展的重要性和需要政府介入的必要程度比较高，作为德尔菲调查备选课题具有较大的意义。（见图 7-17）

得分在 0.8 以上的课题有 41 个，占总数的 50.62%，过半数课题综合介入必要性较高。

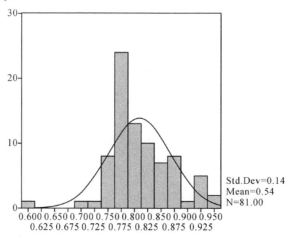

图 7-17　综合介入必要性指数

（9）技术发展途径。

技术发展途径分4类：再创新、自主创新、联合创新和引进应用。专家认为联合创新是杭州市先进制造技术发展的最佳途径。（见表7-2）

表7-2 各类发展途径的比重

	再创新	自主创新	联合创新	引进应用
比重/%	17.15	34.87	43.77	4.21

◆再创新

该指标反映了专家对先进制造技术课题采用再创新技术实现途径的判断。平均值为0.148，得分集中在0到0.250之间。表明专家认为先进制造业技术课题采用再创新技术途径的可行性不高。（见图7-18）

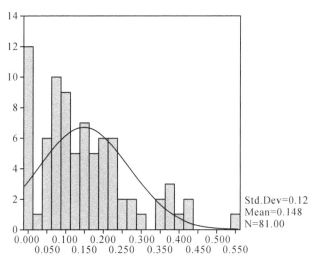

图7-18 再创新

◆自主创新

该指标反映了专家对先进制造技术课题采用自主创新技术实现途径的判断。平均值为0.35，曲线较平缓，得分较分散。得分在0.5以上的课题有17个。表明专家认为先进制造技术课题采用自主创新技术途径的可行性相对较高。因此项目开展过程中应该加强自主创新，实现技术突破。（见图7-19）

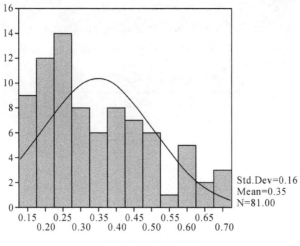

图 7-19　自主创新

◆联合创新

该指标反映了专家对先进制造技术课题采用联合创新技术实现途径的判断。平均值为 0.46，由此可见联合创新是平均得分最高的技术发展途径。表明专家认为先进制造技术课题采用联合创新技术发展途径的可行性最高。（见图 7-20）

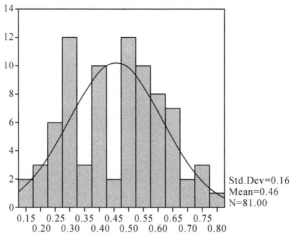

图 7-20　联合创新

◆引进

该指标反映了专家对先进制技术课题采用引进技术实现途径的判断。

平均值为 0.05,得分集中在 0 到 0.13 之间,集中度较高。表明专家认为先进制造技术课题采用引进创新发展途径的可行性很低,且大部分技术课题不适合采用引进应用的技术途径,单纯靠引进不能解决先进制造业项目的关键技术难题。(见图 7-21)

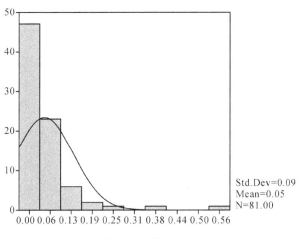

Std.Dev=0.09
Mean=0.05
N=81.00

图 7-21　引进应用

3.指标相关性分析

(1)重要性指数、领先度及介入必要性指数相关性分析。

经济发展重要性指数与政府介入必要性指数显示为弱相关,而生活品质重要性指数与政府介入必要性指数则显示了较强的正相关性。说明专家认为,对生活品质提升具有较大影响的技术课题,往往经济效益不一定好,由于其具有较大的公益特性,不能完全依靠市场机制自发产生,因此需要政府在科技投入和政策上给予更多的扶持,这也符合公共财政的发展方向。另外,专家认为政府的介入不应完全以课题对经济发展的重要程度为依据,因为这类课题往往属于市场竞争性较强的领域,政府介入的必要性不一定高,而应以企业为主开展技术课题的创新和产业化活动。

自主创新指数与综合重要性指数、领先度有较强的正相关性。说明自主创新取得自主知识产权对于杭州发展的重要性,也说明了课题技术领先度越高,越有可能在未来 5 年内取得自主知识产权。

综合重要性指数与领先度有较强的正相关性,说明专家认为课题的综合重要程度和课题的技术领先程度有很大关系,也就是技术越领先,对杭州发展越重要。

自主创新指数与政府介入必要性指数相关性为 0.171,近乎零相关(见表7-3)。可见,政府的介入程度,并不是技术课题能否在 5 年内取得自主知识产权的主要因素。政府主要应解决如何实现创新环境改善的问题,如出台鼓励性的政策法规,对课题提供产学研合作支持等。能否在 5 年内取得自主知识产权,主要取决于企业的技术积累、研发投入、采取的技术路径等。

表 7-3   相关性分析(1)

	经济发展重要性指数	生活品质重要性指数	自主创新指数	综合重要性指数	领先度	政府介入必要性指数
经济发展重要性指数	1	0.207	0.104	0.221	0.389	0.066
生活品质重要性指数	0.207	1	0.316	0.721	0.239	0.703
自主创新指数	0.104	0.316	1	0.772	0.594	0.171
综合重要性指数	0.221	0.721	0.772	1	0.527	0.582
领先度	0.389	0.239	0.594	0.527	1	0.096
政府介入必要性指数	0.066	0.703	0.171	0.582	0.096	1

(2)自主创新指数、预期实现时间及领先度相关性分析。

自主创新指数与预期实现时间具有很强的负相关性(-0.827),说明专家认为越有可能在未来 5 年内取得自主知识产权的课题,其预期实现的时间越短。(见表 7-4)技术课题具有较大的取得自主知识产权的可能性,意味着在技术上更容易取得突破,其在技术方面实施制约较小,预期实现时间就可能相应缩短。

表 7-4   相关性分析(2)

	自主创新指数	预期实现时间	领先度
自主创新指数	1	-0.827	0.594
预期实现时间	-0.827	1	-0.634
领先度	0.594	-0.634	1

预期实现时间与领先度有较强的负相关性(-0.634),说明杭州市先进制造技术越领先,则实现技术课题所需要的时间越短。(见表 7-4)

领先度与技术实现途径分析:领先度与技术实现途径中的自主创新有较强的正相关性,说明专家认为,技术越领先,越适合通过自主创新来解决关键技术难题;同时,专家认为领先度与联合创新和引进应用的发展途径具

有较强的负相关性,领先度不高的技术课题需要更多地借助外界的力量来实现。(见表7-5)

表7-5　相关性分析(3)

	领先度	再创新	自主创新	联合创新	引进应用
领先度	1	0.284	0.559	−0.544	−0.407
再创新	0.284	1	−0.221	−0.416	−0.232
自主创新	0.559	−0.221	1	−0.653	−0.299
联合创新	−0.544	−0.416	−0.653	1	−0.075
引进应用	−0.407	−0.232	−0.299	−0.075	1

(3)制约因素内部相关性分析。

从制约因素之间的相关性来分析,6个制约因素之间的正负相关性都比较弱,说明了这些制约因素之间的不可替代性和低覆盖性,指标相互间具有独立性,一定程度上验证了指标设置的科学性和合理性。(见表7-6)

表7-6　相关性分析(4)

	人力资源制约度	产学研合作制约度	研发投入制约度	产业化资本制约度	研发设施制约度	政策法规制约度
人力资源制约度	1	0.278	0.178	−0.251	−0.062	−0.195
产学研合作制约度	0.278	1	−0.055	−0.346	−0.048	−0.058
研发投入制约度	0.178	−0.055	1	−0.049	0.308	−0.041
产业化资本制约度	−0.251	−0.346	−0.049	1	−0.173	0.196
研发设施制约度	−0.062	−0.048	0.308	−0.173	1	−0.026
政策法规制约度	−0.195	−0.058	−0.041	0.196	−0.026	1

(4)政府介入必要性指数与制约因素相关性分析。

表7-7　相关性分析(5)

	政府介入必要性指数
人力资源制约度	−0.144
产学研合作制约度	0.063
研发投入制约度	0.247

续　表

	政府介入必要性指数
产业化资本制约度	0.267
研发设施制约度	0.066
政策法规制约度	0.762

政策法规制约度与政府介入必要性指数有较强的正相关性(0.762)。这说明专家认为对技术课题的政策法规制约必须依靠政府的介入来解决,只有政府的介入才能改善政策法规的制约,使得技术课题顺利实施。同时,从政府介入必要性指数与研发投入制约度、产业化资本制约度的相关性来分析,专家认为技术课题所需的研发和产业化资金,对政府投入的依赖性较低,主要还是因为坚持企业的创新主体地位,以企业为主加强资金和资本投入。

(5)自主创新指数与技术实现途径相关性分析。

自主创新指数与自主创新的技术实现途径有较强的正相关性(0.447),与联合创新有较强负相关性(−0.468),说明了技术课题能否在未来5年内取得自主知识产权与是否采用自主创新的方式关系较大,只有自主创新,才能更好取得自主知识产权,采用联合创新的方式对取得自主知识产权有一定影响。(见表 7-8)

表 7-8　相关性分析(6)

	自主创新指数	再创新	自主创新	联合创新	引进应用
自主创新指数	1	0.240	0.447	−0.468	−0.282
再创新	0.240	1	−0.221	−0.416	−0.232
自主创新	0.447	−0.221	1	−0.653	−0.299
联合创新	−0.468	−0.416	−0.653	1	−0.075
引进应用	−0.282	−0.232	−0.299	−0.075	1

二、十类技术课题的主要指标统计结果

1.现代设计技术

(1)经济发展重要性指数,见表 7-9。

表 7-9　现代设计技术经济发展重要性指数

项目编号	项目名称	经济发展				经济发展重要性指数
		高	中	低	无	
102	光机电一体化系统设计技术	21.00	3.75	0.00	0.00	0.96
101	绿色产品设计技术	11.00	7.50	0.00	0.00	0.90
110	防腐蚀设计技术	3.50	6.00	0.00	0.00	0.84
107	产品外观造型设计技术	8.25	12.25	1.00	0.00	0.83
112	大型动载装备主要结构的疲劳可靠性设计和疲劳寿命预测	4.25	7.25	0.50	0.00	0.83
105	精确高效塑性成形技术	3.50	9.00	0.00	0.00	0.82
111	安全性能设计技术	4.25	11.50	0.00	0.00	0.82
104	仿真与虚拟设计技术	4.75	11.25	0.75	0.00	0.81
103	全寿命周期设计技术	2.75	11.75	0.00	0.00	0.80
108	机械系统动力学分析与设计技术	4.50	11.50	1.25	0.00	0.80
106	基于用户满意的产品设计技术	4.00	11.50	1.00	0.00	0.80
109	基于自组织制造规则的自主设计技术	0.00	5.75	2.25	0.00	0.68

（2）生活品质重要性指数，见表 7-10。

表 7-10　现代设计技术生活品质重要性指数

项目编号	项目名称	生活品质				生活品质重要性指数
		高	中	低	无	
101	绿色产品设计技术	16.25	2.25	0.00	0.00	0.97
111	安全性能设计技术	11.25	4.50	0.00	0.00	0.93
107	产品外观造型设计技术	14.00	7.00	0.50	0.00	0.91
106	基于用户满意的产品设计技术	10.25	5.75	0.50	0.00	0.90
102	光机电一体化系统设计技术	11.75	13.00	0.00	0.00	0.87
110	防腐蚀设计技术	3.25	6.25	0.00	0.00	0.84
103	全寿命周期设计技术	3.75	10.75	0.00	0.00	0.81
105	精确高效塑性成形技术	2.50	9.50	0.50	0.00	0.79
104	仿真与虚拟设计技术	3.75	11.75	1.25	0.00	0.79

项目 编号	项目名称	生活品质				生活品质 重要性指数
		高	中	低	无	
112	大型动载装备主要结构的疲劳可靠性设计和疲劳寿命预测	2.75	7.25	2.00	0.00	0.77
108	机械系统动力学分析与设计技术	2.75	11.25	3.25	0.00	0.74
109	基于自组织制造规则的自主设计技术	0.00	3.50	4.50	0.00	0.61

（3）自主创新指数和综合重要性指数，见表 7-11。

表 7-11　现代设计技术自主创新和综合重要性指数

项目 编号	项目名称	自主创新		自主创 新指数	综合重要 性指数
		是	否		
102	光机电一体化系统设计技术	23.25	1.50	0.94	0.93
101	绿色产品设计技术	15.00	3.50	0.81	0.90
107	产品外观造型设计技术	20.25	1.25	0.94	0.88
110	防腐蚀设计技术	9.50	0.00	1.00	0.87
111	安全性能设计技术	12.50	3.25	0.79	0.85
106	基于用户满意的产品设计技术	13.50	3.00	0.82	0.83
105	精确高效塑性成形技术	11.25	1.25	0.90	0.83
104	仿真与虚拟设计技术	13.75	3.00	0.82	0.81
103	全寿命周期设计技术	11.00	3.50	0.76	0.79
108	机械系统动力学分析与设计技术	14.50	2.75	0.84	0.79
112	大型动载装备主要结构的疲劳可靠性设计和疲劳寿命预测	8.50	3.50	0.71	0.79
109	基于自组织制造规则的自主设计技术	3.50	4.50	0.44	0.61

（4）政府介入必要性指数和综合介入必要性指数，见表 7-12。

表 7-12　现代设计技术政府介入必要性指数和综合介入必要性指数

项目 编号	项目名称	政府介入必要性				政府介入 必要性指数	综合介入 必要性指数
		高	中	低	无		
101	绿色产品设计技术	15.00	3.50	0.00	0.00	0.95	0.93

续 表

项目编号	项目名称	政府介入必要性				政府介入必要性指数	综合介入必要性指数
		高	中	低	无		
102	光机电一体化系统设计技术	7.00	16.00	1.75	0.00	0.80	0.86
111	安全性能设计技术	6.75	9.00	0.00	0.00	0.86	0.85
110	防腐蚀设计技术	1.00	7.50	1.00	0.00	0.75	0.81
104	仿真与虚拟设计技术	3.50	12.50	0.00	0.75	0.77	0.79
107	产品外观造型设计技术	0.75	15.50	5.25	0.00	0.70	0.78
112	大型动载装备主要结构的疲劳可靠性设计和疲劳寿命预测	1.00	10.00	1.00	0.00	0.75	0.77
106	基于用户满意的产品设计技术	1.00	11.50	4.00	0.00	0.70	0.77
103	全寿命周期设计技术	0.50	13.50	0.00	0.50	0.73	0.76
105	精确高效塑性成形技术	1.50	8.00	2.50	0.50	0.70	0.76
108	机械系统动力学分析与设计技术	3.50	9.50	3.50	0.75	0.72	0.75
109	基于自组织制造规则的自主设计技术	1.25	2.75	3.00	1.00	0.60	0.61

2. 先进成形技术

(1)经济发展重要性指数,见表 7-13。

表 7-13 先进成形技术经济发展重要性指数

项目编号	项目名称	经济发展				经济发展重要性指数
		高	中	低	无	
215	智能化网络化模具快速设计制造集成化关键技术	6.50	6.50	0.50	0.00	0.86
219	精密冲压成形工艺与技术	5.50	8.50	0.00	0.00	0.85
217	大型零部件成形技术	6.00	7.75	0.50	0.00	0.85
214	快速成形技术	6.25	9.25	0.50	0.00	0.84
216	精确高效塑性成形技术	3.00	6.25	0.00	0.00	0.83
213	精密洁净铸造成形技术	3.50	11.25	0.00	0.00	0.81
218	冷温挤压成形技术	1.75	7.75	1.00	0.00	0.77

（2）生活品质重要性指数，见表 7-14。

表 7-14 先进成形技术生活品质重要性指数

项目编号	项目名称	生活品质				生活品质重要性指数
		高	中	低	无	
213	精密洁净铸造成形技术	8.00	6.75	0.00	0.00	0.89
216	精确高效塑性成形技术	1.75	7.00	0.50	0.00	0.78
214	快速成形技术	2.00	12.50	1.50	0.00	0.76
219	精密冲压成形工艺与技术	1.25	11.75	1.00	0.00	0.75
218	冷温挤压成形技术	1.75	6.25	2.50	0.00	0.73
215	智能化网络化模具快速设计制造集成化关键技术	1.75	9.00	2.75	0.00	0.73
217	大型零部件成形技术	0.00	10.00	4.25	0.00	0.68

（3）自主创新指数和综合重要性指数，见表 7-15。

表 7-15 先进成形技术自主创新指数和综合重要性指数

项目编号	项目名称	自主创新		自主创新指数	综合重要性指数
		是	否		
216	精确高效塑性成形技术	8.75	0.50	0.95	0.84
213	精密洁净铸造成形技术	12.50	2.25	0.85	0.84
215	智能化网络化模具快速设计制造集成化关键技术	11.00	2.50	0.81	0.81
214	快速成形技术	13.25	2.75	0.83	0.81
219	精密冲压成形工艺与技术	11.25	2.75	0.80	0.81
217	大型零部件成形技术	9.75	4.50	0.68	0.76
218	冷温挤压成形技术	6.50	4.00	0.62	0.73

（4）政府介入必要性指数和综合介入必要性指数，见表 7-16。

表 7-16 先进成形技术政府介入必要性指数和综合介入必要性指数

项目编号	项目名称	政府介入必要性				政府介入必要性指数	综合介入必要性指数
		高	中	低	无		
213	精密洁净铸造成形技术	3.50	9.75	1.50	0.00	0.78	0.81

项目编号	项目名称	政府介入必要性				政府介入必要性指数	综合介入必要性指数
		高	中	低	无		
216	精确高效塑性成形技术	0.75	7.00	1.50	0.00	0.73	0.78
215	智能化网络化模具快速设计制造集成化关键技术	0.50	12.00	1.00	0.00	0.74	0.78
214	快速成形技术	1.25	12.00	2.75	0.00	0.73	0.77
219	精密冲压成形工艺与技术	0.75	10.50	2.25	0.50	0.70	0.75
217	大型零部件成形技术	1.00	9.00	3.50	0.75	0.67	0.71
218	冷温挤压成形技术	0.00	6.75	3.75	0.00	0.66	0.69

3.先进加工技术

（1）经济发展重要性指数，见表 7-17。

表 7-17　先进加工技术经济发展重要性指数

项目编号	项目名称	经济发展				经济发展重要性指数
		高	中	低	无	
328	大型零部件高效加工技术	8.00	3.75	1.00	0.00	0.89
322	现代特种加工工艺技术（激光加工、复合加工、微细加工、水喷射加工）	6.00	8.00	0.00	0.00	0.86
326	优质、高效焊接与切割技术	5.00	7.00	0.00	0.00	0.85
329	重型装备高强度焊接及不同材料可靠粘接技术	3.75	4.25	0.50	0.00	0.85
321	超精密加工技术、集束加工	4.00	5.00	0.50	0.00	0.84
320	超高速加工技术（高速切削加工技术等）	6.25	9.00	0.50	0.00	0.84
325	微型装配与封装技术	2.50	3.50	0.50	0.00	0.83
323	优质低耗洁净热处理技术	3.75	7.00	0.50	0.00	0.82
327	优质清洁表面工程新技术	1.50	6.75	0.00	0.00	0.80
324	微加工/超微加工技术	2.50	6.00	1.50	0.00	0.78

（2）生活品质重要性指数，见表7-18。

表7-18　先进加工技术生活品质重要性指数

项目编号	项目名称	生活品质				生活品质重要性指数
		高	中	低	无	
323	优质低耗洁净热处理技术	7.25	3.50	0.50	0.00	0.90
327	优质清洁表面工程新技术	4.00	4.25	0.00	0.00	0.87
325	微型装配与封装技术	1.75	4.75	0.00	0.00	0.82
328	大型零部件高效加工技术	2.75	9.00	1.00	0.00	0.78
329	重型装备高强度焊接及不同材料可靠粘接技术	1.00	7.50	0.00	0.00	0.78
324	微加工/超微加工技术	2.25	6.25	1.50	0.00	0.77
322	现代特种加工工艺技术（激光加工、复合加工、微细加工、水喷射加工）	2.00	11.00	1.00	0.00	0.77
321	超精密加工技术、集束加工	1.50	7.00	1.00	0.00	0.76
326	优质、高效焊接与切割技术	0.75	10.75	0.50	0.00	0.76
320	超高速加工技术（高速切削加工技术等）	1.50	10.75	3.50	0.00	0.72

（3）自主创新指数和综合重要性指数，见表7-19。

表7-19　先进加工技术自主创新指数和综合重要性指数

项目编号	项目名称	自主创新		自主创新指数	综合重要性指数
		是	否		
323	优质低耗洁净热处理技术	10.25	1.00	0.91	0.86
325	微型装配与封装技术	5.50	1.00	0.85	0.83
328	大型零部件高效加工技术	9.25	3.50	0.73	0.82
327	优质清洁表面工程新技术	6.25	2.00	0.76	0.81
322	现代特种加工工艺技术（激光加工、复合加工、微细加工、水喷射加工）	9.50	4.50	0.68	0.79
326	优质、高效焊接与切割技术	8.00	4.00	0.67	0.79
329	重型装备高强度焊接及不同材料可靠粘接技术	5.00	3.50	0.59	0.77

项目编号	项目名称	自主创新		自主创新指数	综合重要性指数
		是	否		
321	超精密加工技术、集束加工	5.75	3.75	0.61	0.77
320	超高速加工技术（高速切削加工技术等）	9.75	6.00	0.62	0.76
324	微加工/超微加工技术	6.25	3.75	0.63	0.74

（4）政府介入必要性指数和综合介入必要性指数，见表 7-20。

表 7-20　先进加工技术政府介入必要性指数和综合介入必要性指数

项目编号	项目名称	政府介入必要性				政府介入必要性指数	综合介入必要性指数
		高	中	低	无		
323	优质低耗洁净热处理技术	4.00	6.75	0.50	0.00	0.83	0.85
328	大型零部件高效加工技术	3.25	8.50	1.00	0.00	0.79	0.81
327	优质清洁表面工程新技术	0.75	7.00	0.50	0.00	0.76	0.78
321	超精密加工技术、集束加工	2.25	6.50	0.75	0.00	0.79	0.78
329	重型装备高强度焊接及不同材料可靠粘接技术	1.25	6.75	0.50	0.00	0.77	0.77
322	现代特种加工工艺技术（激光加工、复合加工、微细加工、水喷射加工）	2.00	10.00	2.00	0.00	0.75	0.77
326	优质、高效焊接与切割技术	1.50	8.50	2.00	0.00	0.74	0.76
325	微型装配与封装技术	0.75	4.75	0.50	0.50	0.70	0.76
320	超高速加工技术（高速切削加工技术等）	2.25	11.50	2.00	0.00	0.75	0.76
324	微加工/超微加工技术	2.00	6.50	1.50	0.00	0.76	0.75

4.制造业信息化技术

(1)经济发展重要性指数,见表 7-21。

表 7-21 制造业信息化技术经济发展重要性指数

项目编号	项目名称	经济发展				经济发展重要性指数
		高	中	低	无	
430	计算机数字控制机床技术	13.50	5.00	0.00	0.00	0.93
432	计算机辅助制造	15.00	6.25	0.00	0.00	0.93
431	关键机械零部件可靠性试验数据库和专家系统	3.50	9.00	1.00	0.00	0.80

(2)生活品质重要性指数,见表 7-22。

表 7-22 制造业信息化技术生活品质重要性指数

项目编号	项目名称	生活品质				生活品质重要性指数
		高	中	低	无	
432	计算机辅助制造	6.75	13.75	0.75	0.00	0.82
430	计算机数字控制机床技术	5.50	12.50	0.50	0.00	0.82
431	关键机械零部件可靠性试验数据库和专家系统	3.25	8.75	1.50	0.00	0.78

(3)自主创新指数和综合重要性指数,见表 7-23。

表 7-23 制造业信息化技术自主创新指数和综合重要性指数

项目编号	项目名称	自主创新		自主创新指数	综合重要性指数
		是	否		
430	计算机数字控制机床技术	17.75	0.75	0.96	0.90
432	计算机辅助制造	20.00	1.25	0.94	0.90
431	关键机械零部件可靠性试验数据库和专家系统	9.50	4.00	0.70	0.77

（4）政府介入必要性指数和综合介入必要性指数，见表7-24。

表 7-24　制造业信息化技术政府介入必要性指数和综合介入必要性指数

项目编号	项目名称	政府介入必要性				政府介入必要性指数	综合介入必要性指数
		高	中	低	无		
430	计算机数字控制机床技术	8.50	7.75	2.25	0.00	0.83	0.87
432	计算机辅助制造	5.75	13.25	2.25	0.00	0.79	0.84
431	关键机械零部件可靠性试验数据库和专家系统	1.25	11.25	1.00	0.00	0.75	0.76

5.绿色制造技术

（1）经济发展重要性指数，见表7-25。

表 7-25　绿色制造技术经济发展重要性指数

项目编号	项目名称	经济发展				经济发展重要性指数
		高	中	低	无	
533	机电产品绿色再制造关键技术	8.00	5.75	0.50	0.00	0.88
534	产品再制造设计及再制造性评价	1.50	7.25	1.50	0.00	0.75

（2）生活品质重要性指数，见表7-26。

表 7-26　绿色制造技术生活品质重要性指数

项目编号	项目名称	生活品质				生活品质重要性指数
		高	中	低	无	
533	机电产品绿色再制造关键技术	7.50	6.00	0.00	0.75	0.89
534	产品再制造设计及再制造性评价	3.75	5.50	1.00	0.00	0.82

（3）自主创新指数和综合重要性指数，见表7-27。

表 7-27　绿色制造技术自主创新指数和综合重要性指数

项目编号	项目名称	自主创新		自主创新指数	综合重要性指数
		是	否		
533	机电产品绿色再制造关键技术	10.50	3.75	0.74	0.86
534	产品再制造设计及再制造性评价	8.00	2.25	0.78	0.78

（4）政府介入必要性指数和综合介入必要性指数，见表7-28。

表 7-28 绿色制造技术政府介入必要性指数和综合介入必要性指数

项目编号	项目名称	政府介入必要性				政府介入必要性指数	综合介入必要性指数
		高	中	低	无		
533	机电产品绿色再制造关键技术	8.50	4.75	1.00	0.00	0.88	0.87
534	产品再制造设计及再制造性评价	2.75	7.00	0.50	0.00	0.80	0.79

6. 控制检测技术

（1）经济发展重要性指数，见表7-29。

表 7-29 控制检测技术经济发展重要性指数

项目编号	项目名称	经济发展				经济发展重要性指数
		高	中	低	无	
635	在线测试技术	8.25	9.00	0.00	0.00	0.87
637	现场总线控制系统技术	4.25	7.25	0.00	0.00	0.84
638	精密快速定位和快速响应的伺服驱动技术	5.75	7.25	1.00	0.00	0.83
636	远程故障监测及诊治技术	5.00	10.75	0.00	0.00	0.83
639	动态快速瞬态测量、分析技术	3.50	4.50	1.75	0.00	0.79

（2）生活品质重要性指数，见表7-30。

表 7-30 控制检测技术生活品质重要性指数

项目编号	项目名称	生活品质				生活品质重要性指数
		高	中	低	无	
636	远程故障监测及诊治技术	4.75	10.50	0.50	0.00	0.82
635	在线测试技术	4.00	12.75	0.50	0.00	0.80
637	现场总线控制系统技术	1.50	9.00	1.00	0.00	0.76
638	精密快速定位和快速响应的伺服驱动技术	2.00	10.50	1.50	0.00	0.76
639	动态快速瞬态测量、分析技术	1.50	6.75	1.50	0.00	0.75

（3）自主创新指数和综合重要性指数，见表 7-31。

表 7-31　控制检测技术自主创新指数和综合重要性指数

项目编号	项目名称	自主创新		自主创新指数	综合重要性指数
		是	否		
635	在线测试技术	16.25	1.00	0.94	0.86
636	远程故障监测及诊治技术	14.25	1.50	0.90	0.84
637	现场总线控制系统技术	10.50	1.00	0.91	0.83
638	精密快速定位和快速响应的伺服驱动技术	9.75	4.25	0.70	0.78
639	动态快速瞬态测量、分析技术	6.00	3.75	0.62	0.75

（4）政府介入必要性指数和综合介入必要性指数，见表 7-32。

表 7-32　控制检测技术政府介入必要性指数和综合介入必要性指数

项目编号	项目名称	政府介入必要性				政府介入必要性指数	综合介入必要性指数
		高	中	低	无		
635	在线测试技术	3.00	12.75	1.50	0.00	0.77	0.82
636	远程故障监测及诊治技术	2.75	11.75	1.25	0.00	0.77	0.81
637	现场总线控制系统技术	0.50	9.00	2.00	0.00	0.72	0.77
638	精密快速定位和快速响应的伺服驱动技术	2.50	9.50	2.00	0.00	0.76	0.77
639	动态快速瞬态测量、分析技术	1.50	7.25	1.00	0.00	0.76	0.75

7. 仪器仪表元器件关键技术

（1）经济发展重要性指数，见表 7-33。

表 7-33　仪器仪表元器件关键技术经济发展重要性指数

项目编号	项目名称	经济发展				经济发展重要性指数
		高	中	低	无	
742	企业能耗监控与分析关键技术	7.25	2.50	0.00	0.50	0.94
741	无线传感系统技术	3.25	4.25	0.00	0.00	0.86
744	精密轴承关键技术	5.50	7.25	0.00	0.00	0.86
743	高性能液压元件关键技术	3.75	10.50	0.00	0.00	0.82
740	传感器微机械加工技术	1.50	7.00	0.00	0.00	0.79

（2）生活品质重要性指数，见表7-34。

表 7-34　仪器仪表元器件关键技术生活品质重要性指数

项目编号	项目名称	生活品质				生活品质重要性指数
		高	中	低	无	
742	企业能耗监控与分析关键技术	7.75	2.50	0.00	0.00	0.94
741	无线传感系统技术	1.75	5.75	0.00	0.00	0.81
744	精密轴承关键技术	2.00	9.75	0.50	0.50	0.79
743	高性能液压元件关键技术	2.25	11.50	0.50	0.00	0.78
740	传感器微机械加工技术	1.00	7.50	0.00	0.00	0.78

（3）自主创新指数和综合重要性指数，见表7-35。

表 7-35　仪器仪表元器件关键技术自主创新指数和综合重要性指数

项目编号	项目名称	自主创新		自主创新指数	综合重要性指数
		是	否		
742	企业能耗监控与分析关键技术	9.75	0.50	0.95	0.94
741	无线传感系统技术	6.00	1.50	0.80	0.83
744	精密轴承关键技术	9.50	3.25	0.75	0.81
743	高性能液压元件关键技术	11.75	2.50	0.82	0.81
740	传感器微机械加工技术	6.00	2.50	0.71	0.77

（4）政府介入必要性指数和综合介入必要性指数，见表7-36。

表 7-36　仪器仪表元器件关键技术政府介入必要性指数和综合介入必要性指数

项目编号	项目名称	政府介入必要性				政府介入必要性指数	综合介入必要性指数
		高	中	低	无		
742	企业能耗监控与分析关键技术	3.00	7.25	0.00	0.00	0.82	0.88
741	无线传感系统技术	2.00	5.00	0.50	0.00	0.80	0.82
743	高性能液压元件关键技术	1.50	11.75	1.00	0.00	0.76	0.78
744	精密轴承关键技术	0.00	11.75	1.00	0.00	0.73	0.77
740	传感器微机械加工技术	0.50	8.00	0.00	0.00	0.76	0.77

8.交通装备与技术

（1）经济发展重要性指数，见表 7-37。

表 7-37　交通装备与技术经济发展重要性指数

项目编号	项目名称	经济发展				经济发展重要性指数
		高	中	低	无	
846	电子控制自动变速箱技术	6.00	3.00	0.00	0.00	0.92
845	混合动力汽车技术	3.25	2.50	0.00	0.00	0.89
855	船舶辅机设计制造技术	3.75	3.00	0.00	0.00	0.89
857	电动汽车锂电池技术	3.25	2.75	0.00	0.00	0.89
853	汽车关键件轻量化近净成形技术与装备	3.25	3.75	0.00	0.00	0.87
847	柴油机电子控制燃油喷射技术	2.75	4.75	0.00	0.00	0.84
852	汽车电子技术	1.75	3.25	0.00	0.00	0.84
850	智能交通系统技术	2.50	5.25	0.00	0.00	0.83
858	电动汽车电机和电子控制系统技术	1.50	3.50	0.00	0.00	0.83
851	汽车发电机电子控制技术	1.75	2.50	0.50	0.00	0.82
854	磁浮交通系统技术与装备	1.25	4.00	0.00	0.00	0.81
848	立体车库技术	2.75	10.00	0.00	0.00	0.80
849	汽车行驶主动安全技术	1.25	5.50	0.00	0.00	0.80
856	高档轿车稳定性问题及低噪声技术	0.00	5.00	0.00	0.00	0.75
859	船用可调桨技术	0.00	2.75	0.00	0.00	0.75
860	水下声呐系统技术	0.00	1.75	0.00	0.00	0.75

（2）生活品质重要性指数，见表 7-38。

表 7-38　交通装备与技术生活品质重要性指数

项目编号	项目名称	生活品质				生活品质重要性指数
		高	中	低	无	
849	汽车行驶主动安全技术	6.75	0.00	0.00	0.00	1.00
848	立体车库技术	11.25	1.50	0.00	0.00	0.97
858	电动汽车电机和电子控制系统技术	4.00	1.00	0.00	0.00	0.95

项目编号	项目名称	政府介入必要性				政府介入必要性指数	综合介入必要性指数
		高	中	低	无		
860	水下声呐系统技术	0.00	1.75	0.00	0.00	0.75	0.77
854	磁浮交通系统技术与装备	0.50	4.25	0.50	0.00	0.75	0.77
859	船用可调桨技术	0.00	2.75	0.00	0.00	0.75	0.76

9.环保装备与技术

(1)经济发展重要性指数,见表 7-41。

表 7-41　环保装备与技术经济发展重要性指数

项目编号	项目名称	经济发展				经济发展重要性指数
		高	中	低	无	
964	能源回收和利用新技术及专用设备	7.00	2.25	0.00	0.00	0.94
961	工业固体废弃物的资源综合利用技术	4.75	3.75	0.00	0.00	0.89
963	印染废水回收和利用新技术及专用设备	4.00	3.75	0.00	0.00	0.88
962	危险废弃物的处理技术	4.00	2.75	0.50	0.00	0.87
965	对流废热回收技术	2.00	4.00	0.00	0.00	0.83
966	辐射热回收技术	1.00	2.75	0.00	0.00	0.82

(2)生活品质重要性指数,见表 7-42。

表 7-42　环保装备与技术生活品质重要性指数

项目编号	项目名称	生活品质				生活品质重要性指数
		高	中	低	无	
962	危险废弃物的处理技术	7.25	0.00	0.00	0.00	1.00
961	工业固体废弃物的资源综合利用技术	8.00	0.50	0.00	0.00	0.99
963	印染废水回收和利用新技术及专用设备	6.75	1.00	0.00	0.00	0.97
964	能源回收和利用新技术及专用设备	7.50	1.75	0.00	0.00	0.95
965	对流废热回收技术	4.75	1.25	0.00	0.00	0.95
966	辐射热回收技术	1.50	2.25	0.00	0.00	0.85

（3）自主创新指数和综合重要性指数，见表 7-43。

表 7-43　环保装备与技术自主创新指数和综合重要性指数

项目编号	项目名称	自主创新		自主创新指数	综合重要性指数
		是	否		
964	能源回收和利用新技术及专用设备	8.25	1.00	0.89	0.93
963	印染废水回收和利用新技术及专用设备	7.00	0.75	0.90	0.91
962	危险废弃物的处理技术	6.25	1.00	0.86	0.91
961	工业固体废弃物的资源综合利用技术	6.75	1.75	0.79	0.90
965	对流废热回收技术	5.00	1.00	0.83	0.87
966	辐射热回收技术	2.75	1.00	0.73	0.81

（4）政府介入必要性指数和综合介入必要性指数，表 7-44。

表 7-44　环保装备与技术政府介入必要性指数和综合介入必要性指数

项目编号	项目名称	政府介入必要性				政府介入必要性指数	综合介入必要性指数
		高	中	低	无		
963	印染废水回收和利用新技术及专用设备	6.75	1.00	0.00	0.00	0.97	0.94
962	危险废弃物的处理技术	5.75	1.50	0.00	0.00	0.95	0.93
961	工业固体废弃物的资源综合利用技术	7.00	1.50	0.00	0.00	0.96	0.93
964	能源回收和利用新技术及专用设备	6.00	3.25	0.00	0.00	0.91	0.92
965	对流废热回收技术	3.50	2.50	0.00	0.00	0.90	0.88
966	辐射热回收技术	1.25	2.50	0.00	0.00	0.83	0.82

10. 成套及专用设备技术

(1)经济发展重要性指数,见表 7-45。

表 7-45　成套及专用设备技术经济发展重要性指数

项目编号	项目名称	经济发展				经济发展重要性指数
		高	中	低	无	
1070	高性能电梯关键技术	8.50	2.50	0.00	0.00	0.94
1067	600kW 以上大功率并网型风力发电设备关键技术	7.75	4.75	0.00	0.00	0.91
1072	大型空分设备、高参数的压缩机制造技术	5.25	3.50	0.00	0.00	0.90
1078	大型地铁盾构机关键技术	4.50	3.25	0.00	0.00	0.90
1075	新型垃圾焚烧发电技术及成套设备关键技术	6.50	4.75	0.00	0.00	0.89
1077	全断面隧道掘进机综合技术	3.75	2.75	0.00	0.00	0.89
1071	机电仪一体化的数字化纺织机械的关键技术	6.25	4.75	0.00	0.00	0.89
1076	高速包装自动化成套装备关键技术	6.00	5.75	0.00	0.00	0.88
1068	高速精密数控机床关键技术	8.00	8.00	0.00	0.00	0.88
1069	五轴联动加工中心关键技术	6.25	7.00	0.00	0.00	0.87
1080	数控机床复合加工技术	5.75	6.50	0.00	0.00	0.87
1081	数控机床设计与虚拟样机技术	5.75	5.75	0.50	0.00	0.86
1073	高性能七轴五联动数控成形磨削机床关键技术	4.50	6.50	0.00	0.00	0.85
1074	工业锅炉智能控制系统	2.75	7.50	0.00	0.00	0.82
1079	100 万伏特高压输电技术与装备	1.50	1.25	0.75	0.00	0.80

(2)生活品质重要性指数,见表 7-46。

表 7-46　成套及专用设备技术生活品质重要性指数

项目编号	项目名称	生活品质				生活品质重要性指数
		高	中	低	无	
1075	新型垃圾焚烧发电技术及成套设备关键技术	10.25	1.00	0.00	0.00	0.98

续　表

项目编号	项目名称	生活品质				生活品质重要性指数
		高	中	低	无	
1070	高性能电梯关键技术	10.00	1.00	0.00	0.00	0.98
1078	大型地铁盾构机关键技术	4.00	3.75	0.00	0.00	0.88
1077	全断面隧道掘进机综合技术	3.00	3.50	0.00	0.00	0.87
1067	600kW 以上大功率并网型风力发电设备关键技术	6.00	6.00	0.50	0.00	0.86
1071	机电仪一体化的数字化纺织机械的关键技术	3.25	7.75	0.00	0.00	0.82
1072	大型空分设备、高参数的压缩机制造技术	3.00	5.25	0.50	0.00	0.82
1079	100 万伏特高压输电技术与装备	1.00	2.50	0.00	0.00	0.82
1076	高速包装自动化成套装备关键技术	2.00	9.75	0.00	0.00	0.79
1080	数控机床复合加工技术	2.25	9.50	0.50	0.00	0.79
1068	高速精密数控机床关键技术	2.25	13.75	0.00	0.00	0.79
1074	工业锅炉智能控制系统	1.75	8.00	0.50	0.00	0.78
1069	五轴联动加工中心关键技术	1.50	11.25	0.50	0.00	0.77
1073	高性能七轴五联动数控成形磨削机床关键技术	0.75	10.25	0.00	0.00	0.77
1081	数控机床设计与虚拟样机技术	0.50	11.00	0.50	0.00	0.75

（3）自主创新指数和综合重要性指数，见表 7-47。

表 7-47　成套及专用设备技术自主创新指数和综合重要性指数

项目编号	项目名称	自主创新		自主创新指数	综合重要性指数
		是	否		
1070	高性能电梯关键技术	11.00	0.00	1.00	0.96
1075	新型垃圾焚烧发电技术及成套设备关键技术	10.75	0.50	0.96	0.93
1067	600kW 以上大功率并网型风力发电设备关键技术	12.00	0.50	0.96	0.90
1078	大型地铁盾构机关键技术	7.25	0.50	0.94	0.90

项目编号	项目名称	自主创新		自主创新指数	综合重要性指数
		是	否		
1072	大型空分设备、高参数的压缩机制造技术	8.75	0.00	1.00	0.90
1077	全断面隧道掘进机综合技术	6.00	0.50	0.92	0.89
1071	机电仪一体化的数字化纺织机械的关键技术	10.50	0.50	0.95	0.88
1076	高速包装自动化成套装备关键技术	11.25	0.50	0.96	0.87
1080	数控机床复合加工技术	11.75	0.50	0.96	0.86
1073	高性能七轴五联动数控成形磨削机床关键技术	11.00	0.00	1.00	0.86
1068	高速精密数控机床关键技术	13.50	2.50	0.84	0.84
1074	工业锅炉智能控制系统	9.75	0.50	0.95	0.83
1079	100万伏特高压输电技术与装备	2.75	0.75	0.79	0.81
1081	数控机床设计与虚拟样机技术	8.75	3.25	0.73	0.80
1069	五轴联动加工中心关键技术	8.00	5.25	0.60	0.79

（4）政府介入必要性指数和综合介入必要性指数，见表 7-48。

表 7-48　成套及专用设备技术政府介入必要性指数和综合介入必要性指数

项目编号	项目名称	政府介入必要性				政府介入必要性指数	综合介入必要性指数
		高	中	低	无		
1075	新型垃圾焚烧发电技术及成套设备关键技术	9.75	1.50	0.00	0.00	0.97	0.95
1067	600kW 以上大功率并网型风力发电设备关键技术	8.75	3.75	0.00	0.00	0.93	0.91
1070	高性能电梯关键技术	2.00	8.50	0.50	0.00	0.78	0.87
1077	全断面隧道掘进机综合技术	2.25	4.25	0.00	0.00	0.84	0.86
1078	大型地铁盾构机关键技术	1.50	6.25	0.00	0.00	0.80	0.85
1071	机电仪一体化的数字化纺织机械的关键技术	1.25	9.75	0.00	0.00	0.78	0.83
1072	大型空分设备、高参数的压缩机制造技术	0.50	8.25	0.00	0.00	0.76	0.83

续　表

项目编号	项目名称	政府介入必要性				政府介入必要性指数	综合介入必要性指数
		高	中	低	无		
1068	高速精密数控机床关键技术	3.00	13.00	0.00	0.00	0.80	0.82
1073	高性能七轴五联动数控成形磨削机床关键技术	1.25	9.75	0.00	0.00	0.78	0.82
1079	100万伏特高压输电技术与装备	1.00	2.50	0.00	0.00	0.82	0.81
1080	数控机床复合加工技术	1.00	10.75	0.50	0.00	0.76	0.81
1076	高速包装自动化成套装备关键技术	1.00	9.75	1.00	0.00	0.75	0.81
1074	工业锅炉智能控制系统	1.00	8.75	0.50	0.00	0.76	0.80
1081	数控机床设计与虚拟样机技术	1.25	10.25	0.50	0.00	0.77	0.78
1069	五轴联动加工中心关键技术	1.00	11.50	0.75	0.00	0.75	0.77

三、技术课题按共识度分类的统计结果

依据德尔菲调查第二轮 42 位专家的投票统计，将所有 81 项技术课题分为共识度高的技术课题和共识度低的技术课题。共识度低的技术课题在调查结果中反映为投票人数过低（低于 8 个标准人，即低于单个课题投票最高标准人数 24.75 人的 1/3），导致部分课题重要性排名失真，造成这种现象的原因是这类技术课题过于专业或超前，只有少数专家熟悉，因此单独分类考虑。共识度高的技术课题有 58 项，共识度低的技术课题有 23 项。（见表 7-49、表 7-50）

表 7-49　共识度高的 58 项技术课题

项目编号	项目名称	经济发展重要性指数	生活品质重要性指数	自主创新指数	政府介入必要性指数	综合重要性指数	综合介入必要性指数
1075	新型垃圾焚烧发电技术及成套设备关键技术	0.89	0.98	0.96	0.97	0.93	0.9490
101	绿色产品设计技术	0.90	0.97	0.81	0.95	0.90	0.9272

续　表

项目编号	项目名称	经济发展重要性指数	生活品质重要性指数	自主创新指数	政府介入必要性指数	综合重要性指数	综合介入必要性指数
961	工业固体废弃物的资源综合利用技术	0.89	0.99	0.79	0.96	0.90	0.9271
964	能源回收和利用新技术及专用设备	0.94	0.95	0.89	0.91	0.93	0.9229
1067	大功率并网型风力发电设备关键技术	0.91	0.86	0.96	0.93	0.90	0.9137
742	企业能耗监控与分析关键技术	0.94	0.94	0.95	0.82	0.94	0.8803
1070	高性能电梯关键技术	0.94	0.98	1.00	0.78	0.96	0.8698
533	机电产品绿色再制造关键技术	0.88	0.89	0.74	0.88	0.86	0.8690
430	计算机数字控制机床技术	0.93	0.82	0.96	0.83	0.90	0.8682
102	光机电一体化系统设计技术	0.96	0.87	0.94	0.80	0.93	0.8640
111	安全性能设计技术	0.82	0.93	0.79	0.86	0.85	0.8516
848	多层智能车库技术	0.80	0.97	1.00	0.80	0.89	0.8474
323	优质低耗洁净热处理技术	0.82	0.90	0.91	0.83	0.86	0.8454
432	计算机辅助制造	0.93	0.82	0.94	0.79	0.90	0.8427
1071	机电仪一体化的数字化纺织机械的关键技术	0.89	0.82	0.95	0.78	0.88	0.8296
1072	大型空分设备、高参数的压缩机制造技术	0.90	0.82	1.00	0.76	0.90	0.8277
1068	高速精密数控机床关键技术	0.88	0.79	0.84	0.80	0.84	0.8190
1073	高性能七轴五联动数控成形磨削机床关键技术	0.85	0.77	1.00	0.78	0.86	0.8164
635	在线测试技术	0.87	0.80	0.94	0.77	0.86	0.8163
213	精密洁净铸造成形技术	0.81	0.89	0.85	0.78	0.84	0.8114
1080	数控机床复合加工技术	0.87	0.79	0.96	0.76	0.86	0.8091

续　表

项目编号	项目名称	经济发展重要性指数	生活品质重要性指数	自主创新指数	政府介入必要性指数	综合重要性指数	综合介入必要性指数
328	大型零部件高效加工技术	0.89	0.78	0.73	0.79	0.82	0.8089
110	防腐蚀设计技术	0.84	0.84	1.00	0.75	0.87	0.8086
1076	高速包装自动化成套装备关键技术	0.88	0.79	0.96	0.75	0.87	0.8069
636	远程故障监测及诊治技术	0.83	0.82	0.90	0.77	0.84	0.8066
846	电子控制自动变速箱技术	0.92	0.86	0.89	0.72	0.89	0.8037
1074	工业锅炉智能控制系统	0.82	0.78	0.95	0.76	0.83	0.7968
534	产品再制造设计及再制造性评价	0.75	0.82	0.78	0.80	0.78	0.7904
104	仿真与虚拟设计技术	0.81	0.79	0.82	0.77	0.81	0.7867
327	优质清洁表面工程新技术	0.80	0.87	0.76	0.76	0.81	0.7836
1081	数控机床设计与虚拟样机技术	0.86	0.75	0.73	0.77	0.80	0.7829
216	精确高效塑性成形技术	0.83	0.78	0.95	0.73	0.84	0.7829
743	高性能液压元件关键技术	0.82	0.78	0.82	0.76	0.81	0.7825
107	产品外观造型设计技术	0.83	0.91	0.94	0.70	0.88	0.7825
321	超精密加工技术、集束加工	0.84	0.76	0.61	0.79	0.77	0.7802
215	智能化网络化模具快速设计制造集成化关键技术	0.86	0.73	0.81	0.74	0.81	0.7760
329	重型装备高强度焊接及不同材料可靠粘接技术	0.85	0.78	0.59	0.77	0.77	0.7732
637	现场总线控制系统技术	0.84	0.76	0.91	0.72	0.83	0.7726
322	现代特种加工工艺技术（激光加工、复合加工、微细加工、水喷射加工）	0.86	0.77	0.68	0.75	0.79	0.7720
638	精密快速定位和快速响应的伺服驱动技术	0.83	0.76	0.70	0.76	0.78	0.7715

项目编号	项目名称	经济发展重要性指数	生活品质重要性指数	自主创新指数	政府介入必要性指数	综合重要性指数	综合介入必要性指数
744	精密轴承关键技术	0.86	0.79	0.75	0.73	0.81	0.7714
1069	五轴联动加工中心关键技术	0.87	0.77	0.60	0.75	0.79	0.7699
214	快速成形技术	0.84	0.76	0.83	0.73	0.81	0.7685
740	传感器微机械加工技术	0.79	0.78	0.71	0.76	0.77	0.7684
112	大型动载装备主要结构的疲劳可靠性设计和疲劳寿命预测	0.83	0.77	0.71	0.75	0.79	0.7675
106	基于用户满意的产品设计技术	0.80	0.90	0.82	0.70	0.83	0.7650
431	关键机械零部件可靠性试验数据库和专家系统	0.80	0.78	0.70	0.75	0.77	0.7641
103	全寿命周期设计技术	0.80	0.81	0.76	0.73	0.79	0.7632
326	优质、高效焊接与切割技术	0.85	0.76	0.67	0.74	0.79	0.7629
105	精确高效塑性成形技术	0.82	0.79	0.90	0.70	0.83	0.7609
320	超高速加工技术（高速切削加工技术等）	0.84	0.72	0.62	0.75	0.76	0.7569
639	动态快速瞬态测量、分析技术	0.79	0.75	0.62	0.76	0.75	0.7541
324	微加工/超微加工技术	0.78	0.77	0.63	0.76	0.74	0.7528
108	机械系统动力学分析与设计技术	0.80	0.74	0.84	0.72	0.79	0.7526
219	精密冲压成形工艺与技术	0.85	0.75	0.80	0.70	0.81	0.7516
217	大型零部件成形技术	0.85	0.68	0.68	0.67	0.76	0.7131
218	冷温挤压成形技术	0.77	0.73	0.62	0.66	0.73	0.6932
109	基于自组织制造规则的自主设计技术	0.68	0.61	0.44	0.60	0.61	0.6058

表 7-50　共识度低的 23 项技术课题

项目编号	项目名称	经济发展重要性指数	生活品质重要性指数	自主创新指数	政府介入必要性指数	综合重要性指数	综合介入必要性指数
963	印染废水回收和利用新技术及专用设备	0.88	0.97	0.90	0.97	0.91	0.9387
962	危险废弃物的处理技术	0.87	1.00	0.86	0.95	0.91	0.9278
850	智能交通系统技术	0.83	0.94	1.00	0.89	0.90	0.8927
965	对流废热回收技术	0.83	0.95	0.83	0.90	0.87	0.8817
845	混合动力汽车技术	0.89	0.93	0.43	0.93	0.81	0.8718
1077	全断面隧道掘进机综合技术	0.89	0.87	0.92	0.84	0.89	0.8635
857	电动汽车蓄电池技术	0.89	0.92	0.88	0.82	0.89	0.8571
1078	大型地铁盾构机关键技术	0.90	0.88	0.94	0.80	0.90	0.8469
849	汽车行驶主动安全技术	0.80	1.00	0.89	0.81	0.88	0.8400
966	辐射热回收技术	0.82	0.85	0.73	0.83	0.81	0.8216
855	船舶辅机设计制造技术	0.89	0.75	1.00	0.77	0.87	0.8174
852	汽车电子技术	0.84	0.90	1.00	0.75	0.89	0.8164
741	无线传感系统技术	0.86	0.81	0.80	0.80	0.83	0.8157
1079	100 万伏特高压输电技术与装备	0.80	0.82	0.79	0.82	0.81	0.8134
853	汽车关键件轻量化近净成形技术与装备	0.87	0.82	0.75	0.79	0.83	0.8119
851	汽车发电机电子控制技术	0.82	0.86	0.77	0.72	0.86	0.7910
847	柴油机电子控制燃油喷射技术	0.84	0.81	0.93	0.73	0.85	0.7895
858	电动汽车电机和电子控制系统技术	0.83	0.95	0.65	0.75	0.83	0.7878
856	高档轿车稳定性问题及低噪声技术	0.75	0.94	0.65	0.78	0.79	0.7806
860	水下声呐系统技术	0.75	0.75	1.00	0.75	0.80	0.7746

项目编号	项目名称	经济发展重要性指数	生活品质重要性指数	自主创新指数	政府介入必要性指数	综合重要性指数	综合介入必要性指数
854	磁浮交通系统技术与装备	0.81	0.89	0.62	0.75	0.80	0.7729
325	微型装配与封装技术	0.83	0.82	0.85	0.70	0.83	0.7623
859	船用可调桨技术	0.75	0.75	0.82	0.75	0.76	0.7568

四、综合介入必要性最高的30项技术课题分析

经过对技术课题的综合重要性和综合介入必要性进行排序，并将技术课题按照共识度分类后，对其中共识度高的前20项、共识度低的前10项技术课题进行课题说明和技术特征分析，内容包括预期实现时间、技术水平、制约因素、技术发展途径。（见表7-51、表7-52）

表 7-51　共识度高的前 20 项重要技术课题

项目编号	项目名称	经济发展重要性指数	生活品质重要性指数	自主创新指数	政府介入必要性指数	综合重要性指数	综合介入必要性指数	预期实现时间
1075	新型垃圾焚烧发电技术及成套设备关键技术	0.89	0.98	0.96	0.97	0.93	0.9490	2011
101	绿色产品设计技术	0.90	0.97	0.81	0.95	0.90	0.9272	2014
961	工业固体废弃物的资源综合利用技术	0.89	0.99	0.79	0.96	0.90	0.9271	2012
964	能源回收和利用新技术及专用设备	0.94	0.95	0.89	0.91	0.93	0.9229	2012
1067	大功率并网型风力发电设备关键技术	0.91	0.86	0.96	0.93	0.90	0.9137	2011
742	企业能耗监控与分析关键技术	0.94	0.94	0.95	0.82	0.94	0.8803	2010
1070	高性能电梯关键技术	0.94	0.98	1.00	0.78	0.96	0.8698	2010
533	机电产品绿色再制造关键技术	0.88	0.89	0.74	0.88	0.86	0.8690	2013
430	计算机数字控制机床技术	0.93	0.82	0.96	0.83	0.90	0.8682	2011

项目编号	项目名称	经济发展重要性指数	生活品质重要性指数	自主创新指数	政府介入必要性指数	综合重要性指数	综合介入必要性指数	预期实现时间
102	光机电一体化系统设计技术	0.96	0.87	0.94	0.80	0.93	0.8640	2011
111	安全性能设计技术	0.82	0.93	0.79	0.86	0.85	0.8516	2012
848	多层智能车库技术	0.80	0.97	1.00	0.80	0.89	0.8474	2011
323	优质低耗洁净热处理技术	0.82	0.90	0.91	0.83	0.86	0.8454	2012
432	计算机辅助制造	0.93	0.82	0.94	0.79	0.90	0.8427	2011
1071	机电仪一体化的数字化纺织机械的关键技术	0.89	0.82	0.95	0.78	0.88	0.8296	2011
1072	大型空分设备、高参数的压缩机制造技术	0.90	0.82	1.00	0.76	0.90	0.8277	2010
1068	高速精密数控机床关键技术	0.88	0.79	0.84	0.80	0.84	0.8190	2012
1073	高性能七轴五联动数控成形磨削机床关键技术	0.85	0.77	1.00	0.78	0.86	0.8164	2011
635	在线测试技术	0.87	0.80	0.94	0.77	0.86	0.8163	2011
213	精密洁净铸造成形技术	0.81	0.89	0.85	0.78	0.84	0.8114	2012

表 7-52　共识度低的前 10 项重要技术课题

项目编号	项目名称	经济发展重要性指数	生活品质重要性指数	自主创新指数	政府介入必要性指数	综合重要性指数	综合介入必要性指数	预期实现时间
963	印染废水回收和利用新技术及专用设备	0.88	0.97	0.90	0.97	0.91	0.9400	2010
962	危险废弃物的处理技术	0.87	1.00	0.86	0.95	0.91	0.9300	2010
850	智能交通系统技术	0.83	0.94	1.00	0.89	0.90	0.8900	2009
965	对流废热回收技术	0.83	0.95	0.83	0.90	0.87	0.8800	2009
845	混合动力汽车技术	0.89	0.93	0.43	0.93	0.81	0.8700	2013
1077	全断面隧道掘进机综合技术	0.89	0.87	0.92	0.84	0.89	0.8600	2011

续　表

项目编号	项目名称	经济发展重要性指数	生活品质重要性指数	自主创新指数	政府介入必要性指数	综合重要性指数	综合介入必要性指数	预期实现时间
857	电动汽车蓄电池技术	0.89	0.92	0.88	0.82	0.89	0.8600	2009
1078	大型地铁盾构机关键技术	0.90	0.88	0.94	0.80	0.90	0.8500	2009
849	汽车行驶主动安全技术	0.80	1.00	0.89	0.81	0.88	0.8400	2011
966	辐射热回收技术	0.82	0.85	0.73	0.83	0.81	0.8200	2010

从表7-53可以看出,通过德尔菲法最后筛选出来的30项技术课题,其主要指标的平均得分均高于所有技术课题的平均得分。共识度高的技术课题,自主创新指数相对较高;共识度低的技术课题,生活品质重要性指数和政府介入必要性指数相对较高。

表 7-53　技术课题重要指标平均值

	经济发展重要性指数	生活品质重要性指数	自主创新指数	政府介入必要性指数	综合重要性指数	综合介入必要性指数
所有81项技术课题	0.84	0.83	0.82	0.78	0.84	0.81
最后选择的30项技术课题	0.88	0.90	0.89	0.85	0.89	0.87
前20项共识度高的技术课题	0.89	0.89	0.91	0.84	0.89	0.86
前10项共识度低的技术课题	0.86	0.93	0.84	0.87	0.88	0.87

1. 1075课题:新型垃圾焚烧发电技术及成套设备关键技术

(1)课题说明。城市垃圾处理技术作为国家4项重大产业技术开发专项中的环境保护关键技术之一,被列入国家发展和改革委员会的《"十一五"重大技术装备研制和重大产业技术开发专项规划》。杭州每天产生生活垃圾3000多吨。处理庞大的城市生活垃圾,实现无害化、减量化和资源化,已经成为杭州市政府必须解决的重大问题。该项技术课题被专家认为需要政府介入的必要性较高,且对改善生活品质具有重要意义。

杭州市应积极响应循环经济的产业基础政策。在重点解决新型垃圾处理工程的成套设备、工程材料等产业化城市垃圾焚烧前处理技术基础上,自主研发或集成创新新型垃圾焚烧发电技术和设备,发展基于炉排炉的垃圾焚烧和余热回收技术,完善流化床焚烧炉、垃圾衍生燃料制备和垃圾热解一焚烧及热解制气等技术,着力解决二次污染物(如二噁英、重金属)控制处理技术与热能再用技术。如研制开发大型机械炉排式垃圾焚烧炉及发电、余热利用成套设备(≥300 t/d)、流化床垃圾焚烧技术及设备等,初步形成新型垃圾焚烧发电设备的关键技术研发和产业化能力。

(2)预期实现时间。有82.23%的专家认为该技术可能在5年之内实现。有13.33%的专家认为可能需要5—10年实现。有4.44%的专家认为需要10年以上的时间实现。没有专家认为无法预期。(见图7-22)

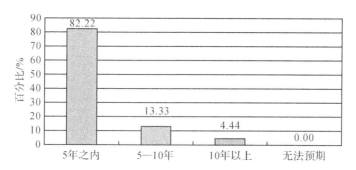

图 7-22　1075 课题预期实现时间调查结果

(3)技术水平。有64.44%的投票专家认为与国内领先地区比较,杭州在该项技术上处于领先水平,有35.56%的专家认为与国内领先地区持平,没有专家认为杭州的该项技术落后国内领先地区5年或5年以上。(见图7-23)

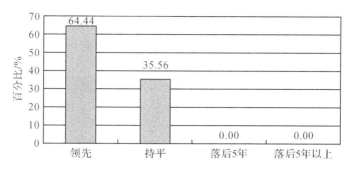

图 7-23　1075 课题技术水平调查结果

(4)制约因素。一方面,有11.94%的投票专家认为该项技术在人力资源方面存在制约,有15.67%的专家认为产学研合作方面存在制约,有32.09%的专家认为研发投入方面存在制约,有20.15%的专家认为产业化资本方面存在制约,有7.46%的专家认为研发设施方面存在制约,有

12.69％的专家认为政策法规方面存在制约。(见图7-24)

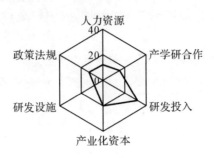

图7-24　1075课题制约因素调查结果(％)

另一方面,81项技术课题面临的6类制约因素的比例关系为20.13％、26.05％、32.64％、8.84％、7.71％、4.61％(下同),将1075课题面临的制约条件与整体情况比较,其特征为产业化资本和政策法规两个方面的制约相对较大。

(5)技术发展途径。有28.89％的投票专家认为该项技术要走再创新的路径,有57.78％的专家认为要走自主创新的路径,有13.33％的专家认为要走联合创新的路径,没有专家认为要走引进应用路径。(见图7-25)

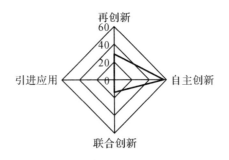

图7-25　1075课题技术发展途径调查结果(％)

2.101课题:绿色产品设计技术

(1)课题说明。绿色产品将是21世纪市场的主导产品。在产品设计初期就解决产品全生命周期中环境友好、资源低耗、易于回收等绿色问题,是制造业的发展方向。面向产品全生命周期的绿色设计技术包括面向环境、能源、材料、人机工程等内容的设计技术。在结构、材料、制造工艺及模块化设计等关键技术上有所创新和突破,增加产品的"绿色特征",可提高杭州制造企业及其产品的国际市场竞争力。专家认为该项技术对提高生活品质也具有重要意义,在综合介入必要性最高的30项课题中,101课题的预期实现时间最长，需要通过联合创新途径，进行长期的研究和推广。

根据杭州市优势支柱产业和重点产业发展规划，面向装备制造业、电子信息业、仪器仪表业、家电工业等的应用，建议在以下几个领域开展基础研究：①面向材料、能源、环境的绿色产品设计理论与方法学研究；②绿色产品设计工具平台及基础数据库研究；③绿色产品评价指标体系的建立研究和评价方法研究；④面向绿色制造工艺、产品可拆卸性、可回收性等内容的设计技术研究。

（2）预期实现时间。有 25.68％的投票专家认为该项技术可能在 5 年之内实现，有 68.92％的专家认为可能需要 5—10 年实现，有 5.41％的专家认为需要 10 年以上的时间实现，没有专家认为无法预期。（见图 7-26）

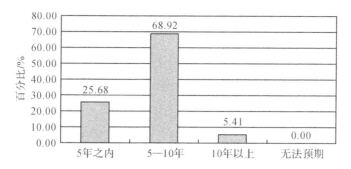

图 7-26　101 课题预期实现时间调查结果

（3）技术水平。有 16.22％的投票专家认为与国内领先地区比较，杭州在该项技术上处于领先水平，有 83.78％的专家认为与国内领先地区持平，没有专家认为杭州的该项技术落后国内领先地区 5 年或 5 年以上。（见图 7-27）

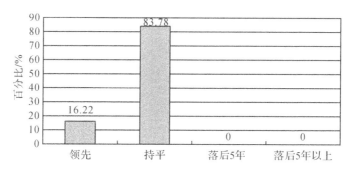

图 7-27　101 课题技术水平调查结果

（4）制约因素。有 21.88％的投票专家认为该项技术在人力资源方面存在制约，有 25.52％的专家认为产学研合作方面存在制约，有 27.60％的专家认为研发投入方面存在制约，有 4.17％的专家认为产业化资本方面存在制约，有 3.13％的专家认为研发设施方面存在制约，有 17.71％的专家认为政策法规方面存在制约。（见图 7-28）

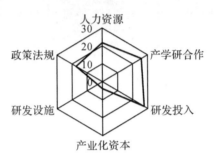

图 7-28 101 课题制约因素调查结果（％）

将 101 课题面临的制约条件与整体情况比较，其特征为政策法规方面的制约相对较大。

（5）技术发展途径。有 10.81％的投票专家认为该项技术要走再创新的路径，有 29.73％的专家认为要走自主创新的路径，有 56.76％的专家认为要走联合创新的路径，有 2.7％的专家认为要走引进应用的路径。（见图 7-29）

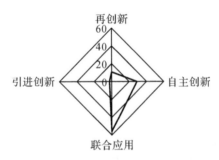

图 7-29 101 课题技术发展途径调查结果（％）

3.961 课题：工业固体废弃物的资源综合利用技术

（1）课题说明。面向杭州钢铁产业、富阳建德的水泥、余杭及萧山的陶瓷、富阳及桐庐的墙体材料等产业，现在工业固体废弃物的资源综合利用率不高，需要加强资源综合利用，最大限度地利用各种废弃物和再生资源。重点应在工业固废对水、土壤无害化处理技术研究的基础上，研究工业固废的粉碎技术、CAO 处理技术、焚烧技术及建材化资源回收与综合利用技术与成套设备开发。被调查专家认为该项技术在综合介入必要性最高的 30 项技术课题中与生活品质的关联度最大,且需要政府的大力介入。

(2)预期实现时间。有 61.76% 的投票专家认为该项技术可能在 5 年之内实现,有 32.35% 的专家认为可能需要 5—10 年实现,有 5.88% 的专家认为需要 10 年以上的时间实现,没有专家认为无法预期。(见图 7-30)

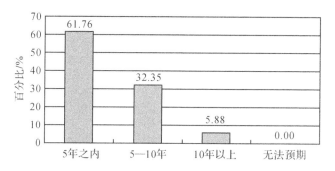

图 7-30　961 课题预期实现时间调查结果

(3)技术水平。没有投票专家认为与国内领先地区比较,杭州在该项技术上处于领先水平,有 85.29% 的专家认为与国内领先地区持平,有 14.71% 的专家认为杭州的该项技术落后国内领先地区 5 年,没有专家认为落后 5 年以上。(见图 7-31)

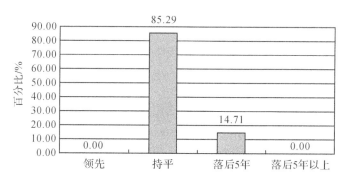

图 7-31　961 课题预期技术水平调查结果

(4)制约因素。有 12.17% 的投票专家认为该项技术在人力资源方面存在制约,有 24.35% 的专家认为产学研合作方面存在制约,有 27.83% 的专家认为研发投入方面存在制约,有 12.17% 的专家认为产业化资本方面存在制约,有 7.83% 的专家认为研发设施方面存在制约,有 15.65% 的专家认为

政策法规方面存在制约。（见图 7-32）

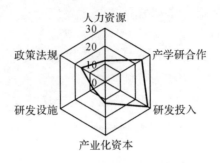

图 7-32　961 课题制约因素调查结果（%）

将 961 课题面临的制约条件与整体情况比较，其特征为产业化资本和政策法规方面的制约相对较大。

（5）技术发展途径。有 8.82% 的投票专家认为该项技术要走再创新的路径，有 29.41% 的专家认为要走自主创新的路径，有 61.76% 的专家认为要走联合创新的路径，没有专家认为要走引进应用的路径。（见图 7-33）

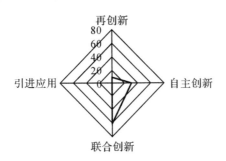

图 7-33　961 技术课题发展途径调查结果（%）

4.964 课题：能源回收和利用新技术及专用设备

（1）课题说明。"十一五"期间，杭州将建设 2 个循环经济区域、10 个循环经济园区（工业功能区）。要求最大限度地实现企业和社会的能源回收与综合利用，研究开发能源高效利用、循环利用的技术与装备。被调查专家认为该项技术课题对经济发展和生活品质都具有重要意义，且需要较高的政府介入必要性。

依据杭州产业布局规划，建议重点发展以下技术：①应用于大型耗能企业的节能与能源回收利用技术；②建筑节能新材料与新技术研究；③家庭节能与太阳能综合利用技术。

（2）预期实现时间。有 62.16％ 的投票专家认为该项技术可能在 5 年之内实现，有 37.84％ 的专家认为可能需要 5—10 年实现，没有专家认为需要 10 年以上的时间实现或者无法预期。（见图 7-34）

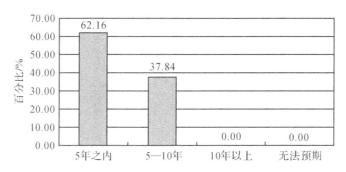

图 7-34　964 课题预期实现时间调查

（3）技术水平。有 27.03％ 的投票专家认为与国内领先地区比较，杭州在该项技术上处于领先水平，有 67.57％ 的专家认为与国内领先地区持平，有 5.41％ 的专家认为杭州的该项技术落后国内领先地区 5 年，没有专家认为落后 5 年以上。（见图 7-35）

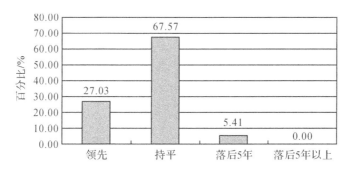

图 7-35　964 课题技术水平调查结果

（4）制约因素。有 15.32％ 的投票专家认为该项技术在人力资源方面存在制约，有 29.73％ 的专家认为产学研合作方面存在制约，有 27.93％ 的专家认为研发投入方面存在制约，有 9.91％ 的专家认为产业化资本方面存在制约，有 5.41％ 的专家认为研发设施方面存在制约，有 11.71％ 的专家认为政策法规方面存在制约。（见图 7-36）

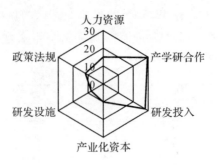

图 7-36 964 课题制约因素调查结果(%)

将 964 课题面临的制约条件与整体情况比较,其特征为产学研合作和政策法规方面的制约相对较大。

(5)技术发展途径。有 21.62% 的投票专家认为该项技术要走再创新的路径,有 35.14% 的专家认为要走自主创新的路径,有 32.43% 的专家认为要走联合创新的路径,有 10.81% 的专家认为要走引进应用的路径。(见图7-37)

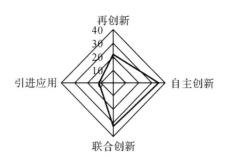

图 7-37 964 课题技术发展途径调查结果(%)

5.1067 课题:大功率并网型风力发电设备关键技术

(1)课题说明。风能开发作为绿色能源开发利用的一个重要方面,得到了国内外高度重视,我国东部沿海水深 2—15 米的海域面积辽阔,开发风能资源潜力巨大。杭州市可以在风力发电设备的研究与开发方面有所作为。被调查专家认为该项技术较易形成自主知识产权。

结合环杭州湾产业带规划要求,建议重点发展以下风力发电装备技术研究:①大型风力发电设备的叶片设计、液压系统、传动系统及发电机组、电控系统等关键技术;②MW 级国产化风力发电机组的关键技术,与先进大功率并网型风力发电设备的风力机关键技术;③风力发电中逆变系统的数字化实时控制技术、数字控制策略、保护检测技术;④海上风电机组基础及安装技术和风电场运行技术。

(2)预期实现时间。有 72％的投票专家认为该项技术可能在 5 年之内实现,有 28％的专家认为可能需要 5—10 年实现,没有专家认为需要 10 年以上的时间实现或者无法预期。(见图 7-38)

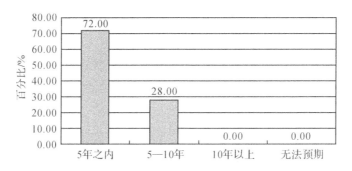

图 7-38　1067 课题预期实现时间调查

(3)技术水平。有 24％的投票专家认为与国内领先地区比较,杭州在该项技术上处于领先水平,有 60％的专家认为与国内领先地区持平,有 16％的专家认为杭州的该项技术落后国内领先地区 5 年,没有专家认为落后 5 年以上。(见图 7-39)

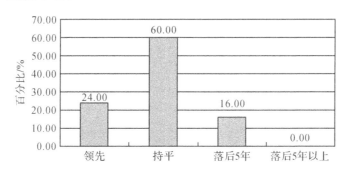

图 7-39　1067 课题技术水平调查结果

(4)制约因素。有 17.02％的投票专家认为该项技术在人力资源方面存在制约,有 17.73％的专家认为产学研合作方面存在制约,有 31.21％的专家认为研发投入方面存在制约,有 16.31％的专家认为产业化资本方面存在制约,有 6.38％的专家认为研发设施方面存在制约,有 11.35％的专家认为政策法规方面存在制约。(见图 7-40)

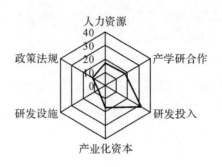

图 7-40   1067 课题制约因素调查结果(%)

将 1067 课题面临的制约条件与整体情况比较,其特征为产业化资本、研发设施和政策法规方面的制约相对较大。

(5)技术发展途径。有 4% 的投票专家认为该项技术要走再创新的路径,有 60% 的专家认为要走自主创新的路径,有 32% 的专家认为要走联合创新的路径,有 4% 的专家认为要走引进应用的路径。(见图 7-41)

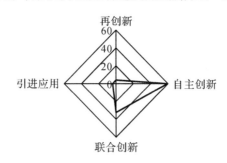

图 7-41   1067 课题技术发展途径调查结果(%)

6.742 课题:企业能耗监控与分析关键技术

(1)课题说明。该项技术针对企业生产过程中能耗与产出的优化关系进行相关技术研究,主要包括企业能耗综合优化计算理论与方法研究、关键及高能耗企业的能耗网络检测与监控、计算机和自动控制技术等信息技术在企业能耗监控与分析中的集成应用、节能专家辅助决策系统开发等。被调查专家认为该项技术对促进经济发展、提升民众生活品质具有重要意义,且较易形成自主知识产权,但需要企业积极开展相关研究和推广工作,加速技术成果的应用与转化。

(2)预期实现时间。有 90.24% 的投票专家认为该项技术可能在 5 年之内实现,有 9.76% 的专家认为可能需要 5—10 年实现,没有专家认为需要 10

年以上的时间实现或者无法预期。（见图 7-42）

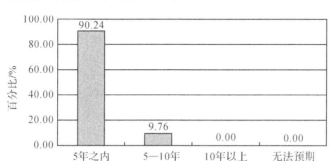

图 7-42　742 课题预期实现时间调查结果

（3）技术水平。有 46.34% 的投票专家认为与国内领先地区比较,杭州在该项技术上处于领先水平,有 48.78% 的专家认为与国内领先地区持平,有 4.88% 的专家认为杭州的该项技术落后国内领先地区 5 年,没有专家认为落后 5 年以上。（见图 7-43）

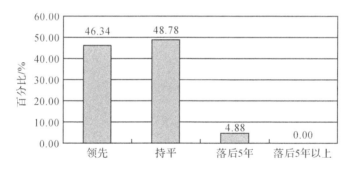

图 7-43　742 课题技术水平调查结果

（4）制约因素。有 16.19% 的投票专家认为该项技术在人力资源方面存在制约,有 35.24% 的专家认为产学研合作方面存在制约,有 35.24% 的专家认为研发投入方面存在制约,有 8.57% 的专家认为产业化资本方面存在制约,有 1.90% 的专家认为研发设施方面存在制约,有 2.86% 的专家认为政策法规方面存在制约。（见图 7-44）

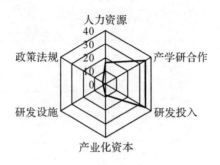

图 7-44 742 课题制约因素调查结果(%)

将 742 课题面临的制约条件与整体情况比较,其特征为产业化资本、研发设施和政策法规方面的制约相对较大。

(5)技术发展途径。有 36.59%的投票专家认为该项技术要走再创新的路径,有 43.90%的专家认为要走自主创新的路径,有 19.51%的专家认为要走联合创新的路径,没有专家认为要走引进应用路径。(见图 7-45)

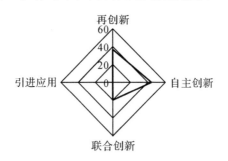

图 7-45 742 课题技术发展途径调查结果(%)

7.1070 课题:高性能电梯关键技术

(1)课题说明。该项技术可以充分利用杭州市在电梯制造及其配件制造上的产业优势,研发先进的电梯关键技术,在技术上支撑杭州市在电梯制造业方面在全国的领先优势。

主要内容包括:研发节能高效、具有高新技术性和舒适性的新型电梯;开发高性能电梯用无齿轮低速永磁同步电机及其控制系统与远程监控系统研发,提高集成度,增强电梯的稳定性与安全性。被调查专家认为该项技术课题对经济发展和生活品质都具有重要的意义,且具有形成自主知识产权的产业基础。

(2)预期实现时间。有 90.91%的投票专家认为该项技术可能在 5 年之内实现,有9.09％的专家认为可能需要5—10年实现,没有专家认为需要10年以上的时间实现或者无法预期。（见图7-46）

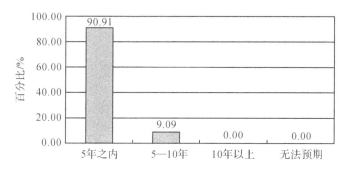

图 7-46　1070 课题预期实现时间调查结果

（3）技术水平。有68.18％的投票专家认为与国内领先地区比较,杭州在该项技术上处于领先水平,有31.82％的专家认为与国内领先地区持平,没有专家认为杭州的该项技术落后国内领先地区5年或5年以上。（见图7-47）

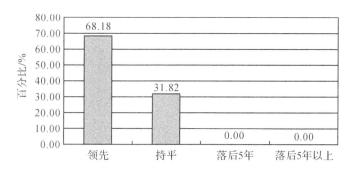

图 7-47　1070 课题技术水平调查结果

（4）制约因素。有16.36％的投票专家认为该项技术在人力资源方面存在制约,有26.36％的专家认为产学研合作方面存在制约,有30.91％的专家认为研发投入方面存在制约,有15.45％的专家认为产业化资本方面存在制约,有7.27％的专家认为研发设施方面存在制约,有3.64％的专家认为政策法规方面存在制约。（见图7-48）

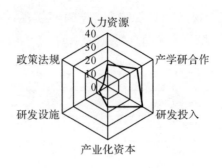

图 7-48　1070 课题制约因素调查结果(%)

将 1070 课题面临的制约条件与整体情况比较,其特征为产业化资本方面的制约相对较大。

(5)技术发展途径。有 54.55% 的投票专家认为该项技术要走再创新的路径,有 13.64% 的专家认为要走自主创新的路径,有 31.82% 的专家认为要走联合创新的路径,没有专家认为要走引进应用的路径。(见图 7-49)

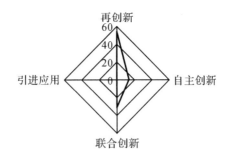

图 7-49　1070 课题技术发展途径调查结果(%)

8.533 课题:机电产品绿色再制造关键技术

(1)课题说明。机电产品绿色再制造工程是避免资源浪费、减少环境污染的最佳方法和途径。以产品全寿命周期设计和管理为指导,为达到优质、高效、节能、节材、环保的目标,采用先进技术和产业化生产手段,来修复或改造废旧产品,结合杭州市机电产业基础,开展大型、精密、关键重要部件(汽轮机动力机组、大型锅炉、空分设备、汽配等)的低成本洁净修复再生技术研究,掌握进口关键部件的自主知识产权的修复技术,具有重要的意义。

主要研究内容包括:①大型、精密、重要关键部件再制造加工技术。开发具有自主知识产权的共性技术,对达到物理寿命和经济寿命而报废的产品,在失效分析和寿命评估的基础上,采用先进激光表面技术、快速成形技术、修复热处理等加工技术，使其迅速恢复或超过原技术性能和应用价值。②过时产品的性能升级。对已达到技术寿命的产品，通过技术改造、更新；废旧产品失效机理和损伤研究，产品寿命预测和剩余寿命评估方法；通过使用新材料、新技术、新工艺等，改善产品的技术性能，延长产品寿命。

（2）预期实现时间。有43.86％的投票专家认为该项技术可能在5年之内实现，有49.12％的专家认为可能需要5—10年实现，有7.02％的专家认为需要10年以上的时间实现，没有专家认为无法预期。（见图7-50）

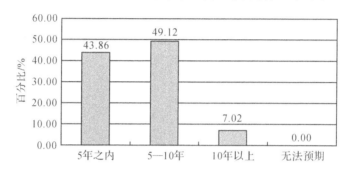

图7-50 533课题预期实现时间调查结果

（3）技术水平。有10.53％的投票专家认为与国内领先地区比较，杭州在该项技术上处于领先水平，有54.39％的专家认为与国内领先地区持平，有29.82％的专家认为杭州的该项技术落后国内领先地区5年，有5.26％的专家认为落后5年以上。（见图7-51）

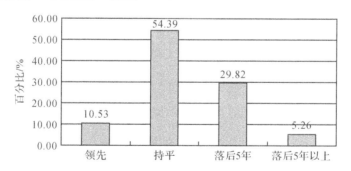

图7-51 533课题技术水平调查结果

（4）制约因素。有23.13％的投票专家认为该项技术在人力资源方面存在制约，有24.49％的专家认为产学研合作方面存在制约，有36.05％的专家认为研发投入方面存在制约，有1.36％的专家认为产业化资本方面存在制约，有8.16％的专家认为研发设施方面存在制约，有6.80％的专家认为

政策法规方面存在制约。（见图7-52）

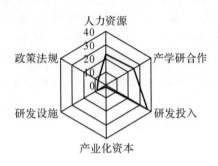

图7-52　533课题制约因素调查结果(%)

将533课题面临的制约条件与整体情况比较,其特征为产业化资本方面的制约相对较大。

(5)技术发展途径。有12.28%的投票专家认为该项技术要走再创新的路径,有26.32%的专家认为要走自主创新的路径,有61.40%的专家认为要走联合创新的路径,没有专家认为要走引进应用的路径。（见图7-53）

图7-53　533课题技术发展途径调查结果(%)

9.430课题:计算机数字控制机床技术

(1)课题说明。该项技术立足杭州市数控机床制造产业现状,在开发通用型加工中心的同时,开发适应汽配制造业、纺织机械制造业及半导体加工业等具有行业特色鲜明的数控机床、磨床。如大规格高效立式加工中心、精密数控卧式车床、精密数控磨床、数控成形磨床的共性问题及数控机床前瞻性技术研究。围绕机床(磨床)产品结构提升进行数控机床的工作机理与数控单元的重点技术研究。主要研究内容包括:数控机床动、静态性能研究与精度保证、补偿等共性关键技术研究,高速精密数控机床关键功能部件(如:数控系统组件、滚动丝杠、滚动导轨、机床主轴、刀库机械手、全功能数控刀架等）的开发和研究；数控机床监控与检测系统开发、数控机床节能环保技术研究；研制和开发具有自主知识产权的多工位高精度数控复合加工机床产品，加强对新工艺、新方法、新刀具和机床新部件结构的研发和推广，创新开发多轴自动化加工设备。被调查专家认为该项技术课题对促进杭州制造业产业发展具有重要意义，且需要较高的政府介入程度。

（2）预期实现时间。有82.43％的投票专家认为该项技术可能在5年之内实现，有14.86％的专家认为可能需要5—10年实现，没有专家认为需要10年以上的时间实现，有2.70％的专家认为无法预见。（见图7-54）

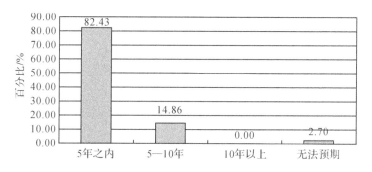

图 7-54　430 课题预期实现时间调查结果

（3）技术水平。有10.81％的投票专家认为与国内领先地区比较，杭州在该项技术上处于领先水平，有86.49％的专家认为与国内领先地区持平，有2.70％的专家认为杭州的该项技术落后国内领先地区5年，没有专家认为落后5年以上。（见图7-55）

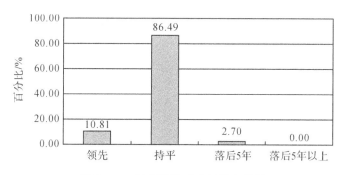

图 7-55　430 课题技术水平调查结果

（4）制约因素。有22.27％的投票专家认为该项技术在人力资源方面存在制约，有25.45％的专家认为产学研合作方面存在制约，有29.09％的专家认为研发投入方面存在制约，有11.36％的专家认为产业化资本方面存在制约,有 8.18% 的专家认为研发设施方面存在制约,有 3.64% 的专家认为政策法规方面存在制约。(见图 7-56)

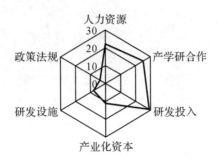

图 7-56　430 课题制约因素调查结果(%)

将 430 课题面临的制约条件与整体情况比较,其特征为产业化资本方面的制约相对较大。

(5)技术发展途径。有 43.24% 的投票专家认为该项技术要走再创新的路径,有 27.03% 的专家认为要走自主创新的路径,有 29.73% 的专家认为要走联合创新的路径,没有专家认为要走引进应用路径。(见图 7-57)

图 7-57　430 课题技术发展途径调查结果(%)

10.102 课题:光机电一体化系统设计技术

(1)课题说明。光机电一体化技术是传统意义上的机械技术在与现代光学、材料、微电子、信息等先进技术交叉融合基础上得到的技术群,是实现机电系统整体优化的核心技术之一。对于开发具有国际竞争能力的新型先进装备、促进传统机电系统的升级换代具有重要意义。尤其是能够以自动化、数字化、智能化、网络化为目标全面提升杭州市制造业的生产工艺与装备的技术水平,实现制造过程的优质、高效、低耗、清洁和灵活生产以及生产产品的高性能化。

主要研究内容包括:新型的光、机、电、信息等技术融合原理与方法以及基础光机电一体化部件的研究。如新原理传感器以及阵列、多维、复合型传感器,新型仪器仪表,汽车仪表系统,新型变速控制一体化电机驱动技术以及面向专门行业的集成化、智能化专用控制器;自动化、数字化、智能化、网络化生产与质量监控设备,新型工业、日用产品的研究;在若干行业光机电一体化装备自主创新研发能力达到国际先进水平,形成全国领先的光机电一体化装备研制、生产、开发、推广、综合配套能力,开发出一批达到国际先进水平的、具有特色优势和自主知识产权的拳头产品,形成经济批量生产。专家认为该项技术是对经济发展意义最大的课题之一。

(2)预期实现时间。有74.75%的投票专家认为该项技术可能在5年之内实现,有25.25%的专家认为可能需要5—10年实现,没有专家认为需要10年以上的时间实现或无法预期。(见图7-58)

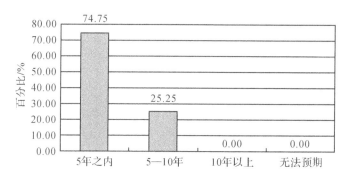

图 7-58　102 课题预期实现时间调查结果

(3)技术水平。有27.27%的投票专家认为与国内领先地区比较,杭州在该项技术上处于领先水平,有72.73%的专家认为与国内领先地区持平,没有专家认为杭州的该项技术落后国内领先地区5年或5年以上。(见图7-59)

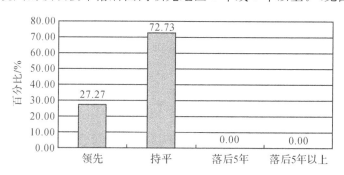

图 7-59　102 课题技术水平调查结果

（4）制约因素。有20.08％的投票专家认为该项技术在人力资源方面存在制约，有33.07％的专家认为产学研合作方面存在制约，有26.77％的专家认为研发投入方面存在制约，有10.24％的专家认为产业化资本方面存在制约，有7.09％的专家认为研发设施方面存在制约，有2.76％的专家认为政策法规方面存在制约。（见图7-60）

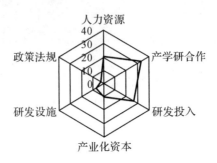

图7-60　102课题制约因素调查结果（％）

将102课题面临的制约条件与整体情况比较，其特征为产学研合作和产业化资本方面的制约相对较大。

（5）技术发展途径。有20.20％的投票专家认为该项技术要走再创新的路径，有60.61％的专家认为要走自主创新的路径，有19.19％的专家认为要走联合创新的路径，没有专家认为要走引进应用的路径。（见图7-61）

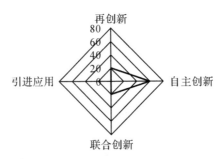

图7-61　102课题制约因素调查结果（％）

11.111课题:安全性能设计技术

（1）课题说明。安全性能设计技术包括了:面向机电与装备产品的——产品性能可靠性设计与优化技术、安全性检测模型设计、基于数字样机的安全性优化设计技术、大型装备的非接触远程在线安全性检测设计技术,产品安全性预测模型与可靠性控制模型;面向信息数据等软、硬系统的——计算机群、服务器及嵌入式网络安全性能设计,信息通信与传输处理、存储等数据安全封装技术,电子硬件设备的整体安全性设计。专家认为该项技术课题具有较大的提升生活品质的意义,需要在政策上进行大力引导和扶持。

(2)预期实现时间。有60.32%的投票专家认为该项技术可能在5年之内实现,有39.68%的专家认为可能需要5—10年实现,没有专家认为需要10年以上的时间实现或无法预期。(见图7-62)

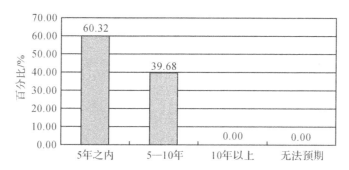

图 7-62　111 课题预期实现时间调查结果

(3)技术水平。有7.94%的投票专家认为与国内领先地区比较,杭州在该项技术上处于领先水平,有87.30%的专家认为与国内领先地区持平,有4.76%的专家认为杭州的该项技术落后国内领先地区5年,没有专家认为落后5年以上。(见图7-63)

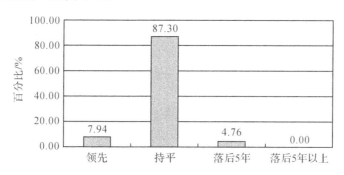

图 7-63　111 课题技术水平调查结果

(4)制约因素。有17.90%的投票专家认为该项技术在人力资源方面存在制约,有22.22%的专家认为产学研合作方面存在制约,有33.95%的专家认为研发投入方面存在制约,有6.79%的专家认为产业化资本方面存在制约,有7.41%的专家认为研发设施方面存在制约,有11.73%的专家认为政策法规方面存在制约。(见图7-64)

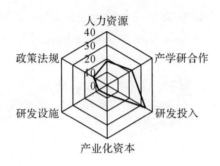

图 7-64　111 课题制约因素调查结果(%)

将 111 课题面临的制约条件与整体情况比较,其特征为政策法规方面的制约相对较大。

(5)技术发展途径。有 39.68%的投票专家认为该项技术要走再创新的路径,有 20.63%的专家认为要走自主创新的路径,有 28.57%的专家认为要走联合创新的路径,有 11.11%的专家认为要走引进应用的路径。(见图7-65)

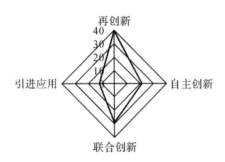

图 7-65　111 课题技术发展途径调查结果(%)

12.848 课题:多层智能车库技术

(1)课题说明。随着杭州汽车保有量增加,依托杭州良好的电梯相关制造业基础,开展立体式多层智能车库设备及其技术研发,可有效地利用立体空间解决停车难问题,有助于"生活品质"之城的提升,专家认为其具有广阔的发展前景与巨大的经济价值。多层智能车库技术基于自动化控制技术与计算机技术,结合立体车库的钢结构装备系统设计技术进行集成创新。主要内容包括:智能型多层车库系统的成套设备研发技术、多层钢结构车库的结构分析与优化设计、大规模地下巷道堆垛式立体停车系统技术与仓储式智能车辆升降移动装置、图像处理与自动识别及 IC 管理控制等智能化车库控制关键技术研究。

（2）预期实现时间。有92.16％的投票专家认为该项技术可能在5年之内实现，有3.92％的专家认为可能需要5—10年实现，有3.92％的专家认为需要10年以上的时间实现，没有专家认为无法预期。（见图7-66）

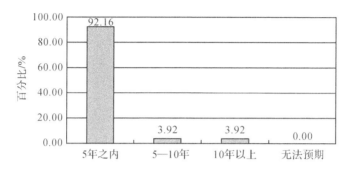

图 7-66　848课题预期实现时间调查结果

（3）技术水平。有49.02％的投票专家认为与国内领先地区比较，杭州在该项技术上处于领先水平，有47.06％的专家认为与国内领先地区持平，有3.92％的专家认为杭州的该项技术落后国内领先地区5年，没有专家认为落后5年以上。（见图7-67）

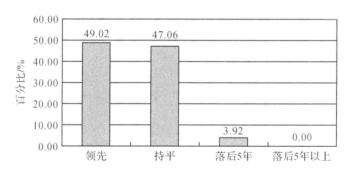

图 7-67　848课题技术水平调查结果

（4）制约因素。有15.97％的投票专家认为该项技术在人力资源方面存在制约，有21.85％的专家认为产学研合作方面存在制约，有32.77％的专家认为研发投入方面存在制约，有19.33％的专家认为产业化资本方面存在制约，没有专家认为研发设施方面存在制约，有10.08％的专家认为政策法规方面存在制约。（见图7-68）

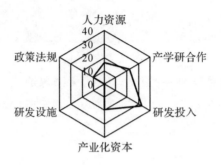

图 7-68　848 课题制约因素调查结果(%)

将 848 课题面临的制约条件与整体情况比较,其特征为政策法规方面的制约相对较大。

(5)技术发展途径。有 7.84% 的投票专家认为该项技术要走再创新的路径,有 64.71% 的专家认为要走自主创新的路径,有 27.45% 的专家认为要走联合创新的路径,没有专家认为要走引进应用的路径。(见图 7-69)

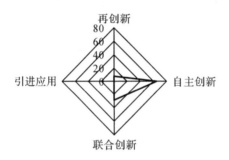

图 7-69　848 课题技术发展途径调查(%)

13.323 课题:优质低耗洁净热处理技术

(1)课题说明。优质低耗洁净热处理技术利用新型材料处理技术及其表面处理技术影响材料金相结构组织变化,提升金属材料机械性能。为解决常规热处理中耗能大、热处理时间长、质量参差不齐等问题,开展优质低耗洁净热处理技术研究是影响装备制造品质的关键技术。

主要研究内容包括:高频感应热处理节能炉、真空高压气渗温控装备、集束表面覆膜合金化技术、智能化热处理过程控制技术以及新型热处理材料淬火、清洗零件数控设备。

(2)预期实现时间。有 53.33% 的投票专家认为该项技术可能在 5 年之内实现,有 46.67% 的专家认为可能需要 5—10 年实现,没有专家认为需要

10 年以上的时间实现或无法预期。（见图 7-70）

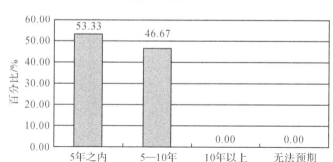

图 7-70　323 课题预期实现时间调查结果

（3）技术水平。没有投票专家认为与国内领先地区比较，杭州在该项技术上处于领先水平，有 84.44％ 的专家认为与国内领先地区持平，有 15.56％ 的专家认为杭州的该项技术落后国内领先地区 5 年，没有专家认为落后 5 年以上。（见图 7-71）

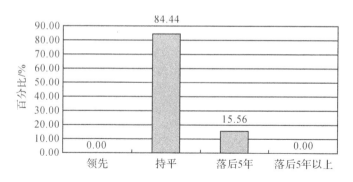

图 7-71　323 课题技术水平调查结果

（4）制约因素。有 14.40％ 的投票专家认为该项技术在人力资源方面存在制约，有 21.60％ 的专家认为产学研合作方面存在制约，有 27.20％ 的专家认为研发投入方面存在制约，有 9.60％ 的专家认为产业化资本方面存在制约，有 16.00％ 的专家认为研发设施方面存在制约，有 11.20％ 的专家认为政策法规方面存在制约。（见图 7-72）

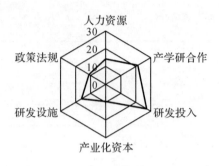

图 7-72 323 课题制约因素调查结果(%)

将 323 课题面临的制约条件与整体情况比较,其特征为研发设施和政策法规方面的制约相对较大。

(5)技术发展途径。有 26.67% 的投票专家认为该项技术要走再创新的路径,有 24.44% 的专家认为要走自主创新的路径,有 48.89% 的专家认为要走联合创新的路径,没有专家认为要走引进应用的路径。(见图 7-73)

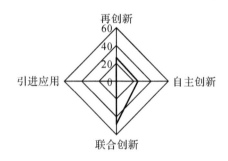

图 7-73 323 课题技术发展途径调查结果(%)

14.432 课题:计算机辅助制造

(1)课题说明。该项技术面向杭州市主导机电产业,如汽车整车和零部件制造、高精度数控机床制造、专用特种机械装备制造、高精度和复杂模具制造等机械制造行业的数字化设计、分析、制造及管理一体化集成系统开发。杭州市要强化推动信息化带动工业化,应采用计算机技术辅助生产技术,在解决异构平台和异构、多学科、多功能系统之间的数据交换与系统集成等关键技术基础上,实施产品数据交换国际标准(STEP 标准),开发制造信息集成中间件、基于 WEB 和 XML 的远程可交互动态设计与数控技术,面向重点行业和重点产品研发机械装备的设计、分析、制造一体化制造系统,开发基于 STEP—NC 的新一代数字化设计、数控编程和数控加工——

数控加工制造系统。

（2）预期实现时间。有82.35％的投票专家认为该项技术可能在5年之内实现，有15.29％的专家认为可能需要5—10年实现，有2.35％的专家认为需要10年以上的时间实现，没有专家认为无法预期。（见图7-74）

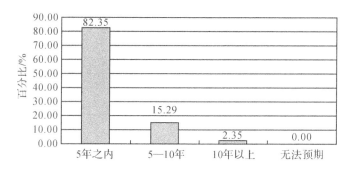

图 7-74　432 课题预期实现时间调查结果

（3）技术水平。有25.88％的投票专家认为与国内领先地区比较，杭州在该项技术上处于领先水平，有71.76％的专家认为与国内领先地区持平，没有专家认为杭州的该项技术落后国内领先地区5年，有2.35％的专家认为落后5年以上。（见图7-75）

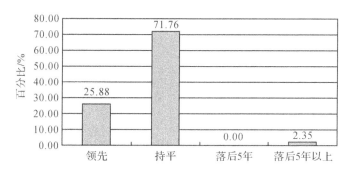

图 7-75　432 课题技术水平调查结果

（4）制约因素。有22.62％的投票专家认为该项技术在人力资源方面存在制约，有23.53％的专家认为产学研合作方面存在制约，有32.13％的专家认为研发投入方面存在制约，有12.67％的专家认为产业化资本方面存在制约，有3.62％的专家认为研发设施方面存在制约，有5.43％的专家认为政策法规方面存在制约。（见图7-76）

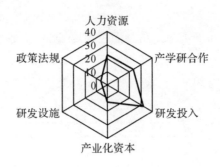

图 7-76　432 课题制约因素调查结果（%）

将 432 课题面临的制约条件与整体情况比较，其特征为人力资源和产业化资本方面的制约相对较大。

（5）技术发展途径。有 34.12% 的投票专家认为该项技术要走再创新的路径，有 41.18% 的专家认为要走自主创新的路径，有 24.71% 的专家认为要走联合创新的路径，没有专家认为要走引进应用的路径。（见图 7-77）

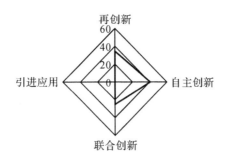

图 7-77　432 课题技术发展途径调查结果（%）

15. 1071 课题：机电仪一体化的数字化纺织机械的关键技术

（1）课题说明。以机电仪技术为基础的控制系统的新型驱动技术，将是纺织机械提高综合竞争力的重要技术基础。纺织机械要求在实行质量在线检测与控制的基础上，开发出一系列适用于纺织产业需求的高品质纺织、印染装备。其中对纺织装备的部件运动配合、运行状况（振动、噪声、故障）、回转件的动不平衡等进行在线检测，为科研机构和纺织生产企业提供量化的测试结果，是现代纺织工业的产业技术需求与发展趋势。

主要研究内容包括：研制出一系列高效、高质量、高自动化的纺织机械装备，结合纺织机械的生产工艺，开展微机程控、智能化电控与高精度驱动技术研发；研制高效、高自动化纺织机械配套的部件，如高速提花机、高速多臂、高速选色系列装置、细纱牵伸卷绕、高速锭子、自动络筒、自调匀整、高精度张力器等;开发纺织装备在线检测仪器,可对纺织装备的部件运动配合、运行状况(振动、噪声、故障)、回转件的动不平衡等进行在线检测,实现对复杂运动机构的运动关系(如织机引纬的位移、速度、加速度、开口的运动规律和梭口清晰度等)等进行分析,并实时显示纺织装备的运动参数与分析结果。新型数字化纺织品质检测仪器既能快速检测纤维长度、强度、马克隆值,又能检测色泽、杂质、回潮率等。

(2)预期实现时间。有 77.27％的投票专家认为该项技术可能在 5 年之内实现,有 22.73％的专家认为可能需要 5—10 年实现,没有专家认为需要 10 年以上的时间实现或无法预期。(见图 7-78)

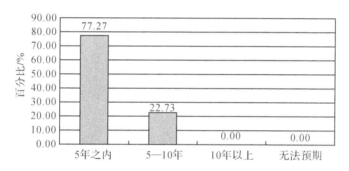

图 7-78 1071 课题预期实现时间调查结果

(3)技术水平。有 31.82％的投票专家认为与国内领先地区比较,杭州在该项技术上处于领先水平,有 68.18％的专家认为与国内领先地区持平,没有专家认为杭州的该项技术落后国内领先地区 5 年或 5 年以上。(见图 7-79)

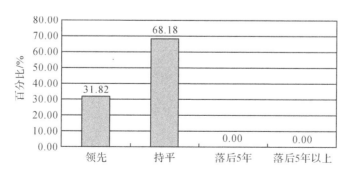

图 7-79 1071 课题技术水平调查结果

(4)制约因素。有 27.03％的投票专家认为该项技术人力资源方面存在制约,有 27.03％的专家认为产学研合作方面存在制约,有 33.33％的专家认为研发投入方面存在制约,有 9.01％的专家认为产业化资本方面存在制约,有 3.60％的专家认为研发设施方面存在制约,没有专家认为政策法规方面存在制约。(见图 7-80)

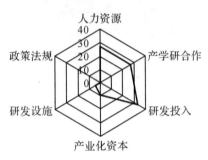

图 7-80　1071 课题制约因素调查结果(％)

将 1071 课题面临的制约条件与整体情况比较,其特征为人力资源方面的制约相对较大。

(5)技术发展途径。有 11.36％的投票专家认为该项技术要走再创新的路径,有 61.36％的专家认为要走自主创新的路径,有 27.27％的专家认为要走联合创新的路径,没有专家认为要走引进应用的路径。(见图 7-81)

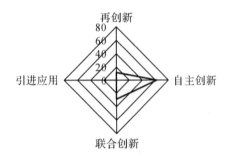

图 7-81　1071 课题技术发展途径调查结果(％)

16.1072 课题:大型空分设备、高参数的压缩机制造技术

(1)课题说明。"十一五"期间,石化和化工行业的大中型空分设备的需求旺盛,杭州市应基于现有产业优势,积极提升国家重大配套、重大专项和重大工程所需的空分配套装备水平,开展大型空分设备、高参数的压缩机制造技术研究。专家认为该项技术课题具有重大的经济意义和雄厚的自主创

新基础。

主要研究内容包括：大型、特大型空分装置制造技术，如流程优化设计与变负荷控制技术、分子筛净化技术、增压透平膨胀机制冷技术、规整填料塔技术、全精馏无氢制氩技术等；特大型空分精馏塔、空分装置压缩机及大型制冷压缩机驱动汽轮机等关键技术研究及产业化；流程工业关键装置用高压大功率离心泵、往复泵，以及与整体煤气化联合循环（IGCC）配套的装备研制。

（2）预期实现时间。有94.29％的投票专家认为该项技术可能在5年之内实现，有5.71％的专家认为可能需要5—10年实现，没有专家认为需要10年以上的时间实现或无法预期。（见图7-82）

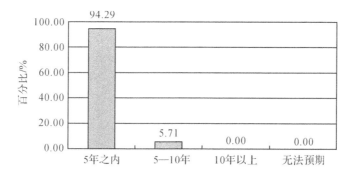

图7-82　1072课题预期实现时间调查结果

（3）技术水平。有88.57％的投票专家认为与国内领先地区比较，杭州在该项技术上处于领先水平，有11.43％的专家认为与国内领先地区持平，没有专家认为杭州的该项技术落后国内领先地区5年或5年以上。（见图7-83）

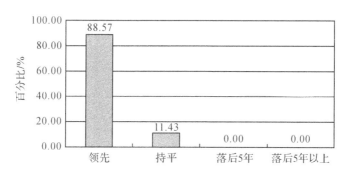

图7-83　1072课题技术水平调查结果

（4）制约因素。有 24.47％的投票专家认为该项技术在人力资源方面存在制约，有 25.53％的专家认为产学研合作方面存在制约，有 32.98％的专家认为研发投入方面存在制约，有 12.77％的专家认为产业化资本方面存在制约，有 4.26％的专家认为研发设施方面存在制约，没有专家认为政策法规方面存在制约。（见图 7-84）

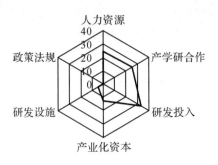

图 7-84　1072 课题制约因素调查结果(％)

将 1072 课题面临的制约条件与整体情况比较，其特征为人力资源、产业化资本方面的制约相对较大。

（5）技术发展途径。有 5.71％的投票专家认为该项技术要走再创新的路径，有 71.43％的专家认为要走自主创新的路径，有 22.86％的专家认为要走联合创新的路径，没有专家认为要走引进应用的路径。（见图 7-85）

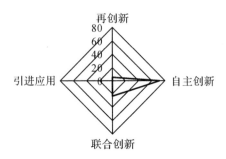

图 7-85　1072 课题技术实现途径调查结果(％)

17. 1068 课题：高速精密数控机床关键技术

（1）课题说明。该项目主要研究高速加工技术，如高速加工的机理研究、高速加工机床结构及动态性能研究、高速主轴单元技术研究、高速进给单元技术研究、高速高精度直线电机驱动系统、高速加工在线检测与控制技术研究等。

（2）预期实现时间。有51.56％的投票专家认为该项技术可能在5年之内实现，有48.44％的专家认为可能需要5—10年实现，没有专家认为需要10年以上的时间实现或无法预期。（见图7-86）

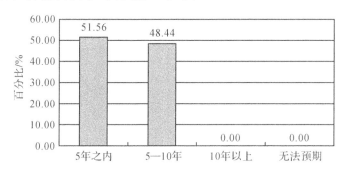

图7-86　1068课题预期实现时间调查结果

（3）技术水平。没有投票专家认为与国内领先地区比较，杭州在该项技术上处于领先水平，有78.13％的专家认为与国内领先地区持平，有21.88％的专家认为杭州的该项技术落后国内领先地区5年，没有专家认为落后5年以上。（见图7-87）

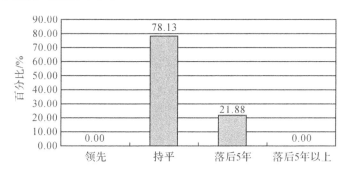

图7-87　1068课题技术水平调查结果

（4）制约因素。有22.09％的投票专家认为该项技术在人力资源方面存在制约，有25.77％的专家认为产学研合作方面存在制约，有36.81％的专家认为研发投入方面存在制约，有5.52％的专家认为产业化资本方面存在制约，有4.91％的专家认为研发设施方面存在制约，有4.91％的专家认为政策法规方面存在制约。（见图7-88）

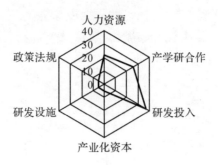

图 7-88　1068 课题制约因素调查结果(%)

将 1068 课题面临的制约条件与整体情况比较,其特征为人力资源、研发投入方面的制约相对较大。

(5)技术发展途径。有 20.31% 的投票专家认为该项技术要走再创新的路径,有 21.88% 的专家认为要走自主创新的路径,有 57.81% 的专家认为要走联合创新的路径,没有专家认为要走引进应用的路径。(见图 7-89)

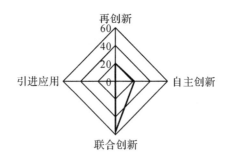

图 7-89　1086 课题技术发展途径调查结果(%)

18.1073 课题:高性能七轴五联动数控成形磨削机床关键技术

(1)课题说明。该项技术研制的高性能、高精度和高稳定性数控成形磨削机床可广泛应用于军工、航空航天、燃气轮机等先进制造领域,尤其是针对飞机发动机、汽轮机、涡轮机等圆弧叶冠叶片、叶片榫齿等复杂型面和难加工材料的高精度成形加工,以及动力涡轮盘榫槽超高精密拉刀的成形加工。

主要研究内容包括:建立和完善相应的技术标准及工艺规范;开发针对复杂型面的高效加工成形磨床,建立相应的控制模型,研究成形磨削中的多轴联动智能控制策略,提高效率和加工轮廓精度;就数控成形磨床稳定性,开展热变形预估和智能误差补偿研究;开发磨削加工和拉削加工的一体化技术,以及多轴联动的情况下,开展金刚石碟片砂轮修整技术研究,以提高数控成形磨床的加工效率。专家认为该项技术课题具有形成自主知识产权的基础。

(2)预期实现时间。有86.36%的投票专家认为该项技术可能在5年之内实现,有13.64%的专家认为可能需要5—10年实现,没有专家认为需要10年以上的时间实现或无法预期。(见图7-90)

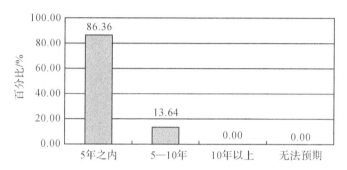

图7-90 1073课题预期实现时间调查结果

(3)技术水平。有36.36%投票专家认为与国内领先地区比较,杭州在该项技术上处于领先水平,有63.64%的专家认为与国内领先地区持平,没有专家认为杭州的该项技术落后国内领先地区5年或5年以上。(见图7-91)

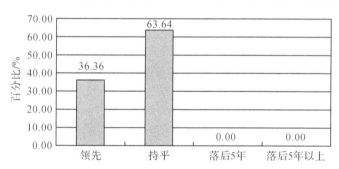

图7-91 1073课题技术水平调查结果

(4)制约因素。有17.27%的投票专家认为该项技术在人力资源方面存在制约,有27.27%的专家认为产学研合作方面存在制约,有38.18%的专家认为研发投入方面存在制约,有10.91%的专家认为产业化资本方面存在制约,有1.82%的专家认为研发设施方面存在制约,有4.55%的专家认为政策法规方面存在制约。(见图7-92)

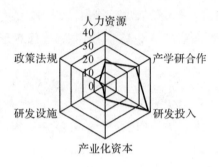

图 7-92　1073 课题制约因素调查结果(%)

将 1073 课题面临的制约条件与整体情况比较,其特征为研发投入、产业化资本方面的制约相对较大。

(5)技术发展途径。有 15.91% 的投票专家认为该项技术要走再创新的路径,有 52.27% 的专家认为要走自主创新的路径,有 31.82% 的专家认为要走联合创新的路径,没有专家认为要走引进应用的路径。(见图 7-93)

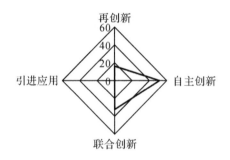

图 7-93　1073 课题技术发展途径调查结果(%)

19.635 课题:在线测试技术

(1)课题说明。在线测试技术是产品生产线及装备运行过程控制的重要测试技术,适用于生产过程控制的快速检测与故障诊断。该项技术围绕杭州市电子信息产业战略布局和国家信息产业基地建设规划,伴随着半导体行业的迅速发展,作为一种不断开电路、不拆下元器件管脚的新型测试技术,可被广泛应用于电子信息产业和传统制造业升级改造。

主要研究内容包括:面向软差错的在线测试技术;基于光子探测的在线测试技术;基于 PXI 总线综合采用数字化技术、分时分模块测试技术、隔离技术的在线测试技术的推广应用;集成的 X 射线或自动光学检验(AOI)在线测试技术推广应用。

（2）预期实现时间。有 82.61％的投票专家认为该项技术可能在 5 年之内实现，有 14.49％的专家认为可能需要 5—10 年实现，有 2.90％的专家认为需要 10 年以上的时间实现，没有专家认为无法预期。（见图 7-94）

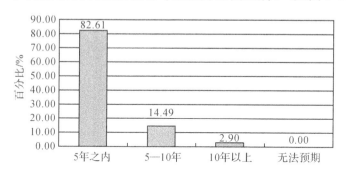

图 7-94　635 课题预期实现时间调查结果

（3）技术水平。有 28.99％投票专家认为与国内领先地区比较，杭州在该项技术上处于领先水平，有 65.22％的专家认为与国内领先地区持平，有 5.80％的专家认为杭州的该项技术落后国内领先地区 5 年，没有专家认为落后 5 年以上。（见图 7-95）

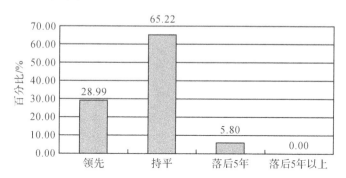

图 7-95　635 课题技术水平调查结果

（4）制约因素。有 16.77％的投票专家认为该项技术在人力资源方面存在制约，有 33.53％的专家认为产学研合作方面存在制约，有 34.73％的专家认为研发投入方面存在制约，有 8.98％的专家认为产业化资本方面存在制约，有 5.99％的专家认为研发设施方面存在制约，没有专家认为政策法规方面存在制约。（见图 7-96）

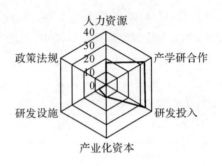

图 7-96 635 课题制约因素调查结果(%)

将 635 课题面临的制约条件与整体情况比较,其特征为产学研合作和研发投入方面的制约相对较大。

(5)技术发展途径。有 20.29％的投票专家认为该项技术要走再创新的路径,有 42.03％的专家认为要走自主创新的路径,有 37.68％的专家认为要走联合创新的路径,没有专家认为要走引进应用的路径。(见图 7-97)

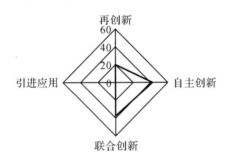

图 7-97 635 课题技术发展途径调查结果(%)

20.213 课题:精密洁净铸造成形技术

(1)课题说明。精密洁净铸造成形技术通过铸件材料、合成熔化成形处理工艺及装备生产,或获得铸件组织细密(性能高)、表面光洁、尺寸精度高为主要特征的金属铸件,是大力发展循环经济和推广清洁生产、绿色制造的关键技术之一。

主要研究内容包括:近净形材料铸造成形机理研究及其工艺过程控制与装备技术、复杂结构精铸模具制造技术、近净铸造成形工艺模拟分析和优化技术、新型材料(高强度铝合金、铝锂合金、钛合金、各类复合材料、超导材料和形状记忆合金等功能材料)与大型、关键精铸件的近净成形技术。

(2)预期实现时间。有 66.10％的投票专家认为该项技术可能在 5 年之内实现,有 33.90％的专家认为可能需要 5—10 年实现,没有专家认为需要 10 年以上的时间实现或无法预期。(见图 7-98)

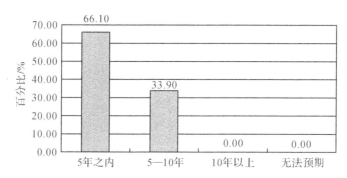

图 7-98　213 课题预期实现时间调查结果

(3)技术水平。有 5.08％投票专家认为与国内领先地区比较,杭州在该项技术上处于领先水平,有 77.97％的专家认为与国内领先地区持平,有 16.95％的专家认为杭州的该项技术落后国内领先地区 5 年,没有专家认为落后 5 年以上。(见图 7-99)

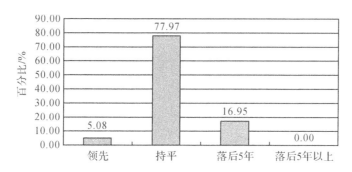

图 7-99　213 课题技术水平调查结果

(4)制约因素。有 20.27％的投票专家认为该项技术在人力资源方面存在制约,有 25.68％的专家认为产学研合作方面存在制约,有 28.38％的专家认为研发投入方面存在制约,有 13.51％的专家认为产业化资本方面存在制约,有 4.73％的专家认为研发设施方面存在制约,有 7.43％的专家认为政策法规方面存在制约。(见图 7-100)

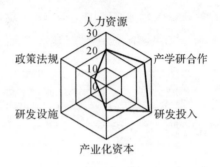

图 7-100　213 课题制约因素调查结果(%)

将 213 课题面临的制约条件与整体情况比较,其特征为产业化资本和政策法规方面的制约相对较大。

(5)技术发展途径。有 15.25% 的投票专家认为该项技术要走再创新的路径,有 18.64% 的专家认为要走自主创新的路径,有 59.32% 的专家认为要走联合创新的路径,有 6.78% 的专家认为要走引进应用的路径。(见图 7-101)

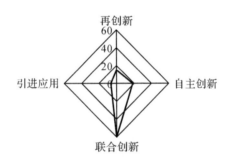

图 7-101　213 课题技术发展途径调查结果(%)

21.963 课题:印染废水回收和利用新技术及专用设备

(1)课题说明。源于印染加工中的漂炼、染色、印花、整理等工序的印染废水排放量约占工业废水总排放量的十分之一,由于废水成分复杂,色度高,有毒物质多,严重污染环境,针对现有的纺织产业中面料织造和印染企业,应积极开发绿色印染后整理的新技术与专用设备,才能有效解决好印染废水的回收和处理问题,促进杭州印染加工业的可持续发展。

主要研究内容包括:节能环保的印染废水回收利用新工艺和专用设备及其膜材料与组件新技术,适用于印染废水的高效微生物处理技术和设备研发,废水处理薄膜负载型光催化材料与高灵敏度的印染废水检测仪器研

（2）预期实现时间。有 80.65％的投票专家认为该项技术可能在 5 年之内实现,有 19.35％的专家认为可能需要 5—10 年实现,没有专家认为需要 10 年以上的时间实现或无法预期。（见图 7-110）

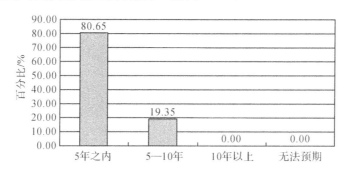

图 7-110　850 课题预期实现时间调查结果

（3）技术水平。有 32.26％投票专家认为与国内领先地区比较,杭州在该项技术上处于领先水平,有 67.74％的专家认为与国内领先地区持平,没有专家认为杭州的该项技术落后国内领先地区 5 年或 5 年以上。（见图 7-111）

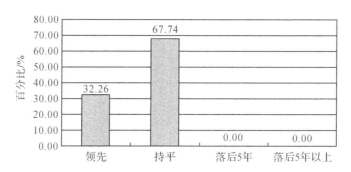

图 7-111　850 课题技术水平调查结果

（4）制约因素。有 18.52％的投票专家认为该项技术人力资源方面存在制约,有 33.33％的专家认为产学研合作方面存在制约,有 28.40％的专家认为研发投入方面存在制约,有 7.41％的专家认为产业化资本方面存在制约,有 4.94％的专家认为研发设施方面存在制约,有 7.41％的专家认为政策法规方面存在制约。（见图 7-112）

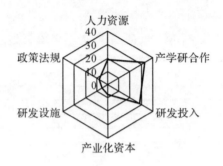

图 7-112   850 课题制约因素调查结果(%)

将 850 课题面临的制约条件与整体情况比较,其特征为产学研和研发投入方面的制约相对较大。

(5)技术发展途径。有 19.35% 的投票专家认为该项技术要走再创新的路径,有 48.39% 的专家认为要走自主创新的路径,有 32.26% 的专家认为要走联合创新的路径,没有专家认为要走引进应用的路径。(见图 7-113)

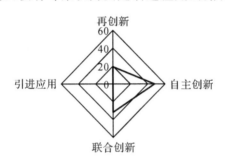

图 7-113   850 课题技术发展途径调查结果(%)

24.965 课题:对流废热回收技术

(1)课题说明。综合利用冶金企业、纺织企业、水泥企业、化工企业、玻璃窑炉、陶瓷窑炉、锅炉烟气等的废热,发展对流废热回收技术,对实现企业节能降耗发展循环经济具有重要意义。

主要研究内容包括:新型对流介质与对流废热检测技术和设备,新型对流废热资源综合利用技术,热管余热回收器与微型燃气轮机废热锅炉,电力、冶金、建材、建筑等高耗能行业的热电联产、集中供热及热能梯级利用技术,以及热电冷联供和热电煤气三联供等多联供技术。

(2)预期实现时间。有 70.83% 的投票专家认为该项技术可能在 5 年之内实现,有 29.17% 的专家认为可能需要 5—10 年实现,没有专家认为需要

10 年以上的时间实现或无法预期。（见图 7-114）

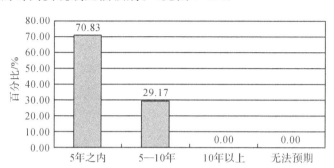

图 7-114　965 课题预期实现时间调查结果

（3）技术水平。没有投票专家认为与国内领先地区比较，杭州在该项技术上处于领先水平，所有投票专家认为杭州该项技术与国内领先地区持平，没有专家认为杭州的该项技术落后国内领先地区 5 年或 5 年以上。（见图 7-115）

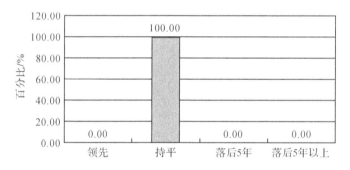

图 7-115　965 课题技术水平调查结果

（4）制约因素。有 6.35％的投票专家认为该项技术在人力资源方面存在制约，有 20.63％的专家认为产学研合作方面存在制约，有 34.92％的专家认为研发投入方面存在制约，有 17.46％的专家认为产业化资本方面存在制约，有 9.52％的专家认为研发设施方面存在制约，有 11.11％的专家认为政策法规方面存在制约。（见图 7-116）

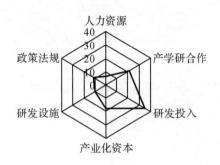

图 7-116　965 课题制约因素调查结果(%)

将 965 课题面临的制约条件与整体情况比较,其特征为产业化资本、研发设施和政策法规方面的制约相对较大。

(5)技术发展途径。有 8.33% 的投票专家认为该项技术要走再创新的路径,有 50.00% 的专家认为要走自主创新的路径,有 41.67% 的专家认为要走联合创新的路径,没有专家认为要走引进应用的路径。(见图 7-117)

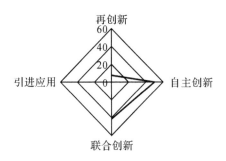

图 7-117　965 课题技术发展途径调查(%)

25.845 课题:混合动力汽车技术

(1)课题说明。混合动力汽车是采用传统的内燃机和电动机作为动力源,通过混合使用热能和电力两套系统开动汽车,达到节省燃料和降低排气污染的目的。建立节能环保型社会,依托杭州汽车发动机厂、东风杭州汽车有限公司、万向集团等汽车及其配件企业,发展混合动力汽车技术并推广应用,具有重要意义。

主要研究内容包括:混合动力汽车发动机、电动机、蓄电池等各种单元新技术,系统电子控制技术和整车的动力系统优化与控制技术,制动能量回收技术,新型混合动力汽车底盘制造技术以及混合动力在客车、重型车上的应用研究。

（2）预期实现时间。有 17.39％的投票专家认为该项技术可能在 5 年之内实现，有 73.91％的专家认为可能需要 5—10 年实现，有 8.70％的专家认为需要 10 年以上的时间实现，没有专家认为无法预期。（见图 7-118）

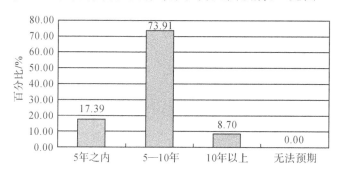

图 7-118　845 课题预期实现时间调查结果

（3）技术水平。有 8.70％的投票专家认为与国内领先地区比较，杭州在该项技术上处于领先水平，有 82.61％的专家认为与国内领先地区持平，有 8.70％的专家认为杭州的该项技术落后国内领先地区 5 年，没有专家认为落后 5 年以上。（见图 7-119）

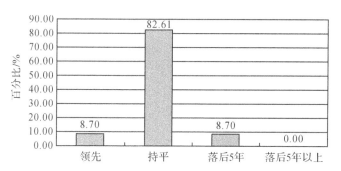

图 7-119　845 课题技术水平调查结果

（4）制约因素。有 18.75％的投票专家认为该项技术在人力资源方面存在制约，有 26.25％的专家认为产学研合作方面存在制约，有 28.75％的专家认为研发投入方面存在制约，有 8.75％的专家认为产业化资本方面存在制约，有 11.25％的专家认为研发设施方面存在制约，有 6.25％的专家认为政策法规方面存在制约。（见图 7-120）

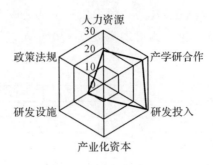

图 7-120　845 课题制约因素调查结果(%)

将 845 课题面临的制约条件与整体情况比较,其特征为研发设施方面的制约相对较大。

(5)技术发展途径。有 8.70% 的投票专家认为该项技术要走再创新的路径,有 17.39% 的专家认为要走自主创新的路径,有 65.22% 的专家认为要走联合创新的路径,有 8.70% 专家认为要走引进应用的路径。(见图 7-121)

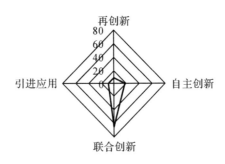

图 7-121　845 课题技术发展途径调查结果(%)

26.1077 课题:全断面隧道掘进机综合技术

(1)课题说明。集隧道开挖、渣土运输、防护结构构筑、管片安装等于一体的全断面掘进机专门用于隧道工程施工,实现了真正意义上的工厂化流水作业,是杭州市地铁建设不可或缺的重要装备。但目前国际上 90% 的市场被欧、美、日等国制造商占据,杭州市该装备的制造能力几乎为零,产业基础尚处空白。

该装备需要集成机械、电气和电子、液压等系统,杭州市要在此领域实现技术突破,需要在引进国外先进技术的同时,重点开展以下主要内容的研究:突破土压平衡盾构主轴承、减速器和液压泵设计制造技术,泥水平衡盾构集成设计技术和泥水输送管理与处理系统技术,复合盾构导向与姿态调整技术和六自由度管片拼装技术,硬岩掘进机刀盘设计技术、刀具的快速更换技术和大负荷支撑支护的结构创新与优化设计技术,全断面掘进机综合试验台。

(2)预期实现时间。有 42.31％的投票专家认为该项技术可能在 5 年之内实现,有 57.69％的专家认为可能需要 5—10 年实现,没有专家认为需要 10 年以上的时间实现或无法预期。(见图 7-122)

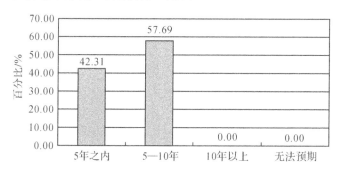

图 7-122 1077 课题预期时间调查结果

(3)技术水平。有 11.54％的投票专家认为与国内领先地区比较,杭州在该项技术上处于领先水平,有 50.00％的专家认为与国内领先地区持平,有 38.46％的专家认为杭州的该项技术落后国内领先地区 5 年,没有专家认为落后 5 年以上。(见图 7-123)

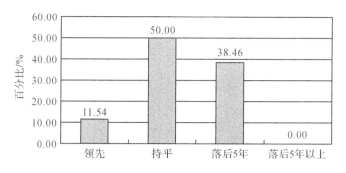

图 7-123 1077 课题技术水平调查结果

(4)制约因素。有 25.32％的投票专家认为该项技术在人力资源方面存在制约,有 22.78％的专家认为产学研合作方面存在制约,有 30.38％的专家认为研发投入方面存在制约,有 16.46％的专家认为产业化资本方面存在制约,有 5.06％的专家认为研发设施方面存在制约,没有专家认为政策法规

方面存在制约。(见图 7-124)

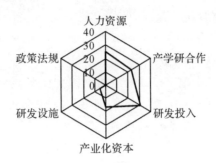

图 7-124　1077 课题制约因素调查结果(%)

将 1077 课题面临的制约条件与整体情况比较,其特征为研发设施方面的制约相对较大。

(5)技术发展途径。没有投票专家认为该项技术要走再创新的路径,有 26.92% 的专家认为要走自主创新的路径,有 38.46% 的专家认为要走联合创新的路径,有 34.62% 专家认为要走引进应用的路径。(见图 7-125)

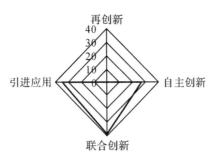

图 7-125　1077 课题技术发展途径调查结果(%)

27.857 课题:电动汽车蓄电池技术

(1)课题说明。电动汽车被誉为 21 世纪的绿色环保汽车,结合新能源与电力转化是未来汽车的发展方向,但目前电动汽车距离实用尚有较大差距,主要体现在动力性能、续驶里程、制造成本和可靠性等方面均无法和常规汽车相比。特别是电池储能技术已成为影响电动汽车发展的关键难题。

主要研究内容包括:高效率、低成本薄膜太阳能电池技术,燃料电池关键技术及产业化技术,高效电动车用蓄电池充电与监控管理技术,铅酸、镍镉等传统电池的新型性能改进技术及其绿色化修复、翻新与废弃处置技术。

(2)预期实现时间。有 70.83% 的投票专家认为该项技术可能在 5 年之

内实现，有 20.83％的专家认为可能需要 5—10 年实现，没有专家认为需要
10 年以上的时间实现，有 8.33％的专家认为无法预期。（见图 7-126）

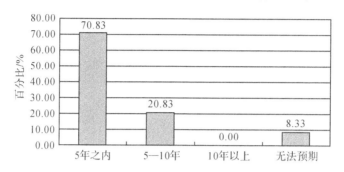

图 7-126　857 课题预期实现时间调查结果

（3）技术水平。有 8.33％的投票专家认为与国内领先地区比较，杭州在
该项技术上处于领先水平，有 79.17％的专家认为与国内领先地区持平，有
12.50％的专家认为杭州的该项技术落后国内领先地区 5 年，没有专家认为
落后 5 年以上。（见图 7-127）

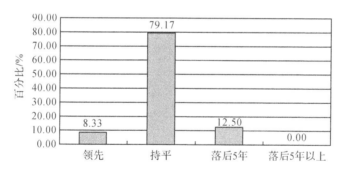

图 7-127　857 课题技术水平调查结果

（4）制约因素。有 20.78％的投票专家认为该项技术在人力资源方面存
在制约，有 28.57％的专家认为产学研合作方面存在制约，有 38.57％的专
家认为研发投入方面存在制约，有 2.60％的专家认为产业化资本方面存在
制约，有 12.99％的专家认为研发设施方面存在制约，有 6.49％的专家认为
政策法规方面存在制约。（见图 7-128）

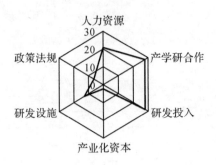

图 7-128　857 课题制约因素调查结果(%)

将 857 课题面临的制约条件与整体情况比较,其特征为产学研合作、研发投入和研发设施方面的制约相对较大。

(5)技术发展途径。有 8.33%的投票专家认为该项技术要走再创新的路径,有 16.67%的专家认为要走自主创新的路径,有 75.00%的专家认为要走联合创新的路径,没有专家认为要走引进应用的路径。(见图 7-129)

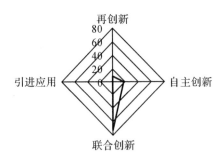

图 7-129　857 课题技术发展途径调查结果(%)

28.1078 课题:大型地铁盾构机关键技术

(1)课题说明。盾构机主要用于地层软弱、埋深较浅、地下水丰富的繁华市区或水下隧道施工中。借助发展地铁的良好时机,可推动大型地铁盾构机的技术攻关与产业发展。

主要研究内容包括:土压平衡盾构主轴承、大功率减速器与大排量液压泵等盾构机关键技术,复合、双圆、土压、异形等盾构关键技术与隧道自动导向技术,大型地铁盾构机装备自动监控技术。

(2)预期实现时间。有 70.97%的投票专家认为该项技术可能在 5 年之内实现,有 29.03%的专家认为可能需要 5—10 年实现,没有专家认为需要 10 年以上的时间实现或无法预期。(见图 7-130)

（2）预期实现时间。有 59.26％的投票专家认为该项技术可能在 5 年之内实现，有 29.63％的专家认为可能需要 5—10 年实现，有 11.11％的专家认为需要 10 年以上的时间实现，没有专家认为无法预期。（见图 7-134）

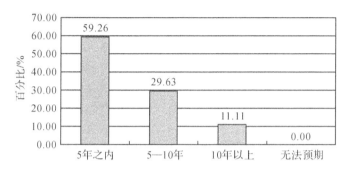

图 7-134　849 课题预期实现时间调查结果

（3）技术水平。有 37.04％投票专家认为与国内领先地区比较，杭州在该项技术上处于领先水平，有 55.56％的专家认为与国内领先地区持平，有 7.41％的专家认为杭州的该项技术落后国内领先地区 5 年，没有专家认为落后 5 年以上。（见图 7-135）

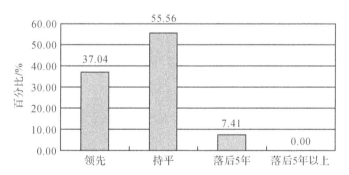

图 7-135　849 课题技术水平调查结果

（4）制约因素。有 22.22％的投票专家认为该项技术在人力资源方面存在制约，有 25.00％的专家认为产学研合作方面存在制约，有 37.50％的专家认为研发投入方面存在制约，没有专家认为产业化资本方面存在制约，有 12.50％的专家认为研发设施方面存在制约，有 2.78％的专家认为政策法规方面存在制约。（见图 7-136）

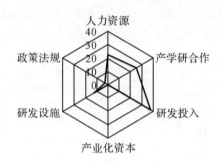

图 7-136　849 课题制约因素调查结果(%)

　　将 849 课题面临的制约条件与整体情况比较,其特征为产业化资本方面的制约相对较大。

　　(5)技术发展途径。有 11.11% 的投票专家认为该项技术要走再创新的路径,有 25.93% 的专家认为要走自主创新的路径,有 62.96% 的专家认为要走联合创新的路径,没有专家认为要走引进应用的路径。(见图 7-137)

图 7-137　849 课题技术发展途径调查结果(%)

　　30.966 课题:辐射热回收技术

　　(1)课题说明。工业领域中,高温固液体、高温设备的辐射热在对作业操作人员生理产生不良影响的同时,产生了大量的能量损耗,对工业辐射热通过能量再转换等形式加以回收利用,能满足企业自身设备运转的需要,实现节能降耗,降低运行成本,同时,可获得比较可观的经济效益。为积极推进杭州市循环经济发展、节能降耗,可综合利用冶金企业、水泥企业、化工企业、玻璃窑炉、陶瓷窑炉、锅炉烟气等"耗能在户"的辐射热。

　　主要研究内容包括:高效热辐射量探测、检测仪器及设备,高效环保回收高温液体、红热固体和辉焰烟气间断排放的高温辐射热量的余热回收装置,综合利用辐射热的新型节能空调及其专用设备及系统集成技术,适用于高温窑炉和锅炉的高效节能的新型热辐射涂料。

（2）预期实现时间。有 60.00％ 的投票专家认为该项技术可能在 5 年之内实现，有 40.00％ 的专家认为可能需要 5—10 年实现，没有专家认为需要 10 年以上的时间实现或无法预期。（见图 7-138）

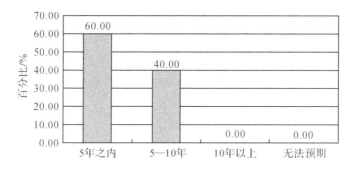

图 7-138　966 课题预期实现时间调查结果

（3）技术水平。没有投票专家认为与国内领先地区比较，杭州在该项技术上处于领先水平，有 86.67％ 的专家认为与国内领先地区持平，有 13.33％ 的专家认为杭州的该项技术落后国内领先地区 5 年，没有专家认为落后 5 年以上。（见图 7-139）

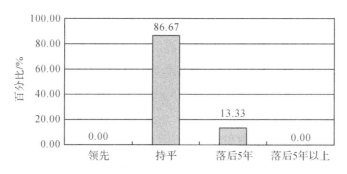

图 7-139　966 课题技术水平调查结果

（4）制约因素。有 24.53％ 的投票专家认为该项技术在人力资源方面存在制约，有 20.75％ 的专家认为产学研合作方面存在制约，有 28.30％ 的专家认为研发投入方面存在制约，有 9.43％ 的专家认为产业化资本方面存在制约，有 3.77％ 的专家认为研发设施方面存在制约，有 13.21％ 的专家认为政策法规方面存在制约。（见图 7-140）

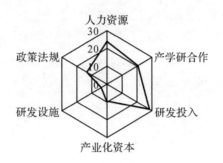

图 7-140　966 课题制约因素调查结果(%)

将 966 课题面临的制约条件与整体情况比较,其特征为人力资源和政策法规方面的制约相对较大。

(5)技术发展途径。有 27.59% 的投票专家认为该项技术要走再创新的路径,有 20.69% 的专家认为要走自主创新的路径,有 51.72% 的专家认为要走联合创新的路径,没有专家认为要走引进应用的路径。(见图 7-141)

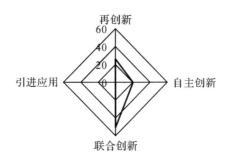

图 7-141　966 课题技术发展途径调查结果(%)

附 录

附表1 杭州先进制造技术预见技术课题备选清单

技术领域及课题
一、现代设计技术
0101.绿色产品设计技术
0102.光机电一体化系统设计技术
0103.全寿命周期设计技术
0104.仿真与虚拟设计技术
0105.精确高效塑性成形技术
0106.基于用户满意的产品设计技术
0107.产品外观造型设计技术
0108.机械系统动力学分析与设计技术
0109基于自组织制造规则的自主设计技术
0110.防腐蚀设计技术
0111.安全性能设计技术
0112.大型动载装备主要结构的疲劳可靠性设计和疲劳寿命预测
二、先进成形技术
0213.精密洁净铸造成形技术

0214.快速成形技术
0215.智能化网络化模具快速设计制造集成化关键技术
0216.精确高效塑性成形技术
0217.大型零部件成形技术
0218.冷温挤压成形技术
0219.精密冲压成形工艺与技术
三、先进加工技术
0320.超高速加工技术(高速切削加工技术等)
0321.超精密加工技术、集束加工
0322.现代特种加工工艺技术(激光加工、复合加工、微细加工、水喷射加工)
0323.优质低耗洁净热处理技术
0324.微加工/超微加工技术
0325.微型装配与封装技术
0326.优质、高效焊接与切割技术
0327.优质清洁表面工程新技术
0328.大型零部件高效加工技术
0329.重型装备高强度焊接及不同材料可靠粘接技术
四、制造业信息化技术
0430.计算机数字控制机床技术
0431.关键机械零部件可靠性试验数据库和专家系统
0432.计算机辅助制造
五、绿色制造技术
0533.机电产品绿色再制造关键技术
0534.产品再制造设计及再制造性评价
六、控制检测技术
0635.在线测试技术
0636.远程故障监测及诊治技术
0637.现场总线控制系统技术
0638.精密快速定位和快速响应的伺服驱动技术

0639.动态快速瞬态测量、分析技术
七、仪器仪表元器件关键技术
0740.传感器微机械加工技术
0741.无线传感系统技术
0742.能源使用(电、汽、水)监控管理仪表仪器关键技术
0743.高性能液压元件关键技术
0744.精密轴承关键技术
八、交通装备与技术
0845.混合动力汽车技术
0846.电子控制自动变速箱技术
0847.柴油机电子控制燃油喷射技术
0848.立体车库技术
0849.汽车行驶主动安全技术
0850.智能交通系统技术
0851.汽车发电机电子控制技术
0852.汽车电子技术
0853.汽车关键件轻量化近净成形技术与装备
0854.磁浮交通系统技术与装备
0855.船舶辅机设计制造技术
0856.高档轿车稳定性问题及低噪声技术
0857.电动汽车锂电池技术
0858.电动汽车电机和电子控制系统技术
0859.船用可调桨技术
0860.水下声呐系统技术
九、环保装备与技术
0961.工业固体废弃物的资源综合利用技术
0962.危险废弃物的处理技术
0963.印染废水回收和利用新技术及专用设备
0964.能源回收和利用新技术及专用设备

0965.对流废热回收技术
0966.辐射热回收技术
十、成套及专用设备技术
1067.600kW以上大功率并网型风力发电设备关键技术
1068.高速精密数控机床关键技术
1069.五轴联动加工中心关键技术
1070.高性能电梯关键技术
1071.机电仪一体化的数字化纺织机械的关键技术
1072.大型空分设备、高参数的压缩机制造技术
1073.高性能七轴五联动数控成形磨削机床关键技术
1074.工业锅炉智能控制系统
1075.新型垃圾焚烧发电技术及成套设备关键技术
1076.高速包装自动化成套装备关键技术
1077.全断面隧道掘进机综合技术
1078.大型地铁盾构机关键技术
1079.100万伏特高压输电技术与装备
1080.数控机床复合加工技术
1081.数控机床设计与虚拟样机技术

附表2　德尔菲调查网络问卷页面

杭州先进制造业技术预见.德尔菲调查问卷（第二轮）

当前项：绿色产品设计技术

- 共有81项，您已点评81项 -

您对该课题的重要性

熟悉程度	经济发展	生活品质	自主创新，未来5年能否形成自主知识产权	预期实现时间	与国内领先地区比较我市的技术水平	制约因素（可多选）	政府介入的必要性	技术发展途径
○很熟悉 ○熟悉 ⊙较熟悉 ○不熟悉	⊙高 ○中 ○低 ○无	⊙高 ○中 ○低 ○无	⊙是 ○否	○5年之内 ⊙5至10年 ○10年以上 ○无法预测	○领先 ⊙持平 ○落后5年 ○落后5年以上	☑人力资源 ☑产学研合作 ☑研发投入 ☐产业化资本 ☐研发设施 ☑政策法规	⊙高 ○中 ○低 ○无	○再创新 ○自主 ○联合 ○引进

保存　　撤销

指标说明

第一轮调查结果（各选项人数统计）

	很熟悉	熟悉	较熟悉	不熟悉	经济发展（高）	经济发展（中）	经济发展（低）	经济发展（无）	生活品质（高）	生活品质（中）	生活品质（低）	生活品质（无）	自主创新（是）	自主创新（否）	5年之内	5年至10年	10年以上	无法预测	领先	持平	落后5年	落后5年以上	人力资源	产学研合作	研发投入	产业化资本	研发设施	政策法规	政府介入必要性（高）	政府介入必要性（中）	政府介入必要性（低）	政府介入必要性（无）	再创新	自主	联合	引进
重要度排序 第14位	4	14	19	17	22	14	1	0	27	10	0	0	29	8	11	22	4	0	10	23	3	1	19	17	27	8	9	20	13	1	0	11	11	14	1

附表3　杭州市100家典型制造业企业的产业分布及其产品

产业	企业	主要产品
电子信息通信	4.杭州信息科技有限公司	CD-R光盘、磁带
	35.杭州士兰微电子股份有限公司	集成电路
	36.普天东方通信集团有限公司	手机、数字通信接入网
	55.杭州金利普电器公司	电视机
	81.华立集团有限公司	电度表、铜箔板
	84.浙江富春江通信集团有限公司	通信电缆、光缆
	85.杭州富通集团有限公司	通信电缆、光纤、光缆
	86.浙江华伦集团有限公司	通信电缆、光缆
	87.浙江华达通信器材集团有限公司	通信电缆、光缆
	88.浙江飞虹通信集团有限公司	通信电缆、光缆
	91.浙江万马集团公司	电力电缆、电视电缆
	93.浙江天屹集团有限公司	通信电缆
	58.杭州东冠通信集团有限公司	通信电缆、双壁波纹管材
服装	22.杭州蓝孔雀化学纤维(股份)有限公司	化学纤维
	23.杭州西湖达利工业有限公司	服装
	24.杭州喜得宝集团有限公司	印染绸、服装
	33.杭州得力纺织有限公司	化纤布
	45.浙江兽王集团有限公司	皮衣
	50.万事利集团有限公司	丝绸、服装
	52.浙江中华鞋业集团有限公司	胶鞋、下水裤
	63.浙江航民实业集团有限公司	印染布、化纤布
	64.浙江恒逸集团有限公司	化纤布、服装面料
	65.浙江荣盛化学纤维有限公司	涤纶长丝、低弹丝
	66.浙江富可达皮业集团股份有限公司	皮革、PVC革

产业	企业	主要产品
服装	67.浙江传化化学集团有限公司	日用洗涤剂、印染助剂
	68.杭州道远化纤有限公司	化纤涤纶丝
	69.浙江柳桥羽毛有限公司	羽绒制品
	70.浙江三元集团有限公司	纺织印染品
	72.杭州吉华化工有限公司	聚氨酯泡沫、分散染料
	73.浙江开氏实业有限公司	低弹丝、化纤布
	74.杭州红山化纤有限公司	涤纶长丝、低弹丝
	80.萧山富丽达纺织有限公司	化纤、混纺仿真面料
	89.浙江永泰纸业股份有限公司	白板纸
	90.富阳金富春丝绸化纤有限公司	涤纶短纤、丝织品
	95.杭州临安锦都纺织有限公司	化纤布、棉布
化工及材料	10.杭州玻璃集团有限公司	平板玻璃、安全玻璃、玻璃纤维
	11.杭州橡胶集团公司	轮胎外胎,包括子午线轮胎
	12.杭州电化集团有限公司	烧碱、聚氯乙烯
	13.杭州龙山化工有限公司	纯碱、硝酸
	14.杭华油墨化学有限公司	油墨
	15.杭州庆丰农化有限公司	农药原药
	40.杭州炼油厂	成品油
	51.杭州海通木业有限公司	贴面板、胶合板
	76.杭州翔盛纺织有限公司	服装面料、化纤、涤纶布
	78.杭州帝凯化工有限公司	染料
	92.杭州锦江集团有限公司	环保能源、化纤印染
	94.浙江天松集团有限公司	粉末涂料、路标树脂
	97.浙江新安化工集团股份有限公司	草甘膦系列
	98.国际香料香精（杭州）有限公司	香料
其他	41.杭州中粮美特容器有限公司	金属制罐
	42.杭州钢铁集团公司	钢材
	54.浙江杭宝集团有限公司	建材、包装薄膜

续　表

产业	企业	主要产品
其他	71.浙江东南网架集团有限公司	网架、钢结构、板材
	83.杭州协和陶瓷有限公司	地砖、瓷砖
	99.杭州桦桐家私有限公司	皮革制品
食品医药制造	5.正大青春宝药业有限公司	参麦针注射液、青春宝片
	16.杭州华东医药(集团)公司	赛斯平、百令胶囊
	17.杭州民生药业集团有限公司	21金维他、雷尼替丁
	20.杭州华丰纸业有限公司	卷烟纸
	21.杭州西湖啤酒朝日(股份)有限公司	啤酒
	25.杭州顶益国际食品有限公司	方便面
	26.杭州中萃食品有限公司	软饮料
	30.浙江康莱特药业有限公司	康莱特注射液
	32.眼力健(杭州)制药有限公司	眼药、护理液
	37.杭州卷烟厂	卷烟
	43.杭州娃哈哈集团有限公司	食品、软饮料
	53.祐康食品集团有限公司	冷饮、速冻食品
	82.杭州旺旺食品有限公司	膨化米制食品
	96.杭州天目山药业股份有限公司	中成药、生物药
	100.农夫山泉杭州千岛湖饮用水有限公司	纯净水
装备制造	1.杭州制氧机集团有限公司	空分设备
	2.杭州汽轮动力集团有限公司	工业汽轮机
	3.西湖电子集团有限公司	彩色电视机
	6.杭州前进齿轮箱集团有限公司	船用齿轮箱、汽车变速箱
	7.杭州叉车有限公司	叉车
	8.杭芝机电有限公司	吸尘器
	9.杭州锅炉集团有限公司	锅炉
	18.杭州松下家用电器有限公司	家用洗衣机
	19.伊莱电器(杭州)有限公司	家用空气调节器
	27.杭州摩托罗拉移动通信设备有限公司	CDMA基站

产业	企业	主要产品
装备制造	28.西门子(杭州)高压开关有限公司	高压开关
	29.杭州松下马达有限公司	马达
	31.泰尔茂医疗产品(杭州)有限公司	医疗器械
	34.UT 斯达康(杭州)通讯有限公司	接入网设备
	38.东风杭州汽车有限公司	汽车底盘
	39.杭州汽车发动机厂	内燃机
	44.杭州奥普斯照明器材有限公司	浴霸
	46.杭州天堂伞业集团有限公司	晴雨伞、雨衣雨具、车锁
	47.杭州西湖离合器集团有限公司	离合器
	48.杭州南都电源集团有限公司	阀控式蓄电池
	49.西子电梯集团有限公司	电梯、自动扶梯
	56.浙江滚动轴承有限公司	轴承
	57.浙江万利工具集团公司	五金工具、橡胶制品
	59.浙江中南建设集团公司	钢结构、摩托车
	60.浙江威陵金属集团有限公司	冷轧带钢、高频焊管
	61.浙江万轮车业集团有限公司	小轮车
	62.万向集团公司	万向节、汽车配件
	75.杭州钱江电气集团股份有限公司	变压器
	77.浙江万达集团公司	方向器、工具
	79.浙江新亚太机电集团有限公司	制动器、汽车配件

参考文献

[1] 杨耀武.技术预见的基本理念[J].世界科学,2003(4):61-64.

[2] 徐磊.基于预见评估的下一代技术预见[J].科技进步与对策,2008,25(1):129-132.

[3] 王颖,孙成权.技术预见的典型模式分析[J].图书与情报,2008(2):63-64.

[4] "中国工程科技 2035 发展战略研究"项目组.中国工程科技 2035 发展战略·技术预见报告[M].北京:科学出版社,2019:6-7.

[5] 李万.面向自主创新,加快综合技术预见模式的实践[J].科技管理研究,2009(4):11-14.

[6] 刘宇飞,周源,廖岭.大数据分析方法在战略性新兴产业技术预见中的应用[J].中国工程科学,2016,18(4):121-128.

[7] 张守明,张斌,张笔峰,等.颠覆性技术的特征与预见方法[J].科技导报,2019,37(19):19-25.

[8] 张峰,邝岩.日本第十次国家技术预见的实施和启示[J].情报杂志,2016,35(12):12-15.

[9] 孟弘,许晔,李振兴.英国面向 2030 年的技术预见及其对中国的启示[J].中国科技论坛,2013(12):155-160.

[10] 张永伟,周晓纪,宋超,等.国内外技术预见研究:学术研究与政府实践的区别与联系[J].情报理论与实践,2019,42(2):50-55,95.

[11] 王婷,池康伟,蔺洁.面向 2035 中国公共卫生数字技术选择与布局研究:基于德尔菲调查的技术预见研究[J].科学学与科学技术管理,2021,42(3):16-28.

[12] 穆荣平,王瑞祥.技术预见的发展及其在中国的应用[J].中国科学院院刊,2004,19(4):259-263.

[13] 万劲波.技术预见与创新型社会建设[J].世界科学,2005(12):41-43.

[14] 代小平,陈菁,陈丹,等.基于层次-集对分析方法的区域农业节水技术选择方法[J].灌溉排水学报,2013,32(5):91-95.

[15] 陈云伟.国际技术预见研究进展综述[J].情报资料工作,2016(4):38-44.

[16] 郭卫东.技术预见理论方法及关键技术创新模式研究[D].北京:北京邮电大学,2007.

[17] 李娜,陈凯华.德尔菲调查[M]//穆荣平,陈凯华.科技政策研究之技术预见方法.北京:科学出版社,2021.

[18] 骆正清,戴瑞.共性技术的选择方法研究[J].科学学研究,2013(1):22-29.

[19] 穆荣平,任中保,袁思达,等.中国未来 20 年技术预见德尔菲调查方法研究[J].科研管理,2006(1):1-7.

[20] 穆荣平,任中保.技术预见德尔菲调查中技术课题选择研究[J].科学学与科学技术管理,2006(3):22-27.

[21] 饶扬德.企业技术能力成长中技术选择的机制分析[J].科学学与科学技术管理,2007(5):18-22.

[22] 任中保.基于技术预见德尔菲调查的优先发展技术课题遴选方法研究[J].科学学与科学技术管理,2009(11):63-68.

[23] 日本科学技术学术政策研究所.第 11 回科学技术预测调查 S&T Foresight 2019 综合报告书[R].东京:日本科学技术学术政策研究所,2019.

[24] 万劲波.技术预见:科学技术战略规划和科技政策的制定[J].中国软科学,2002(5):63-67.

[25] 王瑞祥,穆荣平.从技术预测到技术预见:理论与方法[J].世界科学,2003(4):49-51.

[26] 袁思达.技术预见德尔菲调查中共性课题识别研究[J].科学学与科学技术管理,2009(10):21-26.

[27] 张国清.公共危机管理和政府责任:以 SARS 疫情治理为例[J].管理世界,2003(12):42-50.

[28] 张李洁,池宏,祁明亮,等.核能技术研发方案选择的鲁棒决策方法研究 [J].管理评论,2019,31(6):102-112.

[29] 中国未来 20 年技术预见研究组.中国未来 20 年技术预见[M].北京: 科学出版社,2008.

[30] 中国科学院创新发展研究中心,中国先进能源技术预见研究组.中国先 进能源 2035 技术预见[M].北京:科学出版社,2020:15-18.

[31] ANDERSEN A D, ANDERSEN P D. Innovation system foresight[J]. Technological Forecasting and Social Change, 2014,88:276-286.

[32] DUFVA M,AHLQUIST T. Knowledge creation dynamics in foresight: A knowledge typology and exploratory method toanalyse foresight workshops [J]. Technological Forecasting and Social Change. 2015,94:251-268.

[33] MAYER T, MELITZ M J, OTTAVIANO G I. P. Market size, competition, and the product mix of exporters[J]. American Economic Review, 2014,104:495-536.

[34] Viale R,Etzkowitz H. The Capitalization of Knowledge: A Tripla Helix of University-Industry-Government[M]. Cheltenham: Edward Elgar Publishing. 2010.

[35] APREDA R,BONACCORSI A,DELL'ORLETTA F,et al. Expert forecast and realized outcomes in technology foresight [J]. Technological Forecasting and Social Change,2019,141:277-288.

[36] HUSSAIN M,TAPINOS E,KNIGHT L. Scenario-driven road mapping for technology foresight[J]. Technological Forecasting and Social Change, 2017, 124:160-177.

[37] ZHANG P,YAN F W,DU C P. A comprehensive analysis of energy management strategies for hybrid electric vehicles based on bibliometrics[J]. Renewable and Sustainable Energy Reviews, 2015, 48:88-104.

后　记

预见科技,启迪未来。

技术预见作为一种战略管理工具,它站在现在看未来,把握好主攻方向;同时,它又用未来之眼看现在,明确当下的着力点。不管是过去还是现在,技术预见工作都受到了各级政府与社会各界的关注。"技术预见"的类似表述最早出现于 1937 年美国资源委员会报告中,技术预见经历了"美国起源—日本改进—欧洲跟进—世界各国开始加入"的历史进程。技术预见始于 20 世纪三四十年代,发展于 70 年代,嬗变于 90 年代,在进入 21 世纪后得到广泛应用。技术预见的研究范围已不仅仅局限于国家等宏观层面,区域、产业、产品等中微观层面的技术预见活动也开始受到关注和积极推进。

近年来,美国、北约、欧盟等国家和国际组织纷纷开展对高新技术领域未来发展趋势的预测,研究其在经济、社会和军事领域所带来的重大影响,并发布了重要报告,如美国国家情报委员会发布的《全球趋势 2040:一个竞争更加激烈的世界》、北约科技组织发布的《2020—2040 科技发展趋势:探索科技前沿》及欧洲议会未来科学与技术委员会委托兰德公司发布的《塑造 2040 年战场的创新科技》。为政策制定提供前瞻性指导,是技术预见的意义所在。对于政府决策部门来说,技术预见作为重要工具,能够立足于市场需求,精准识别并规划出需要投资与建设的关键共性技术领域。在产业发展规划中,这不但可以有效突破行业发展的技术瓶颈,还可以培育出高级技术人才,加快技术产品市场的开拓进程。2019 年,我国启动了第 6 次国家技术预测工作,制定了 2021—2035 年国家中长期科技发展规划,研判科技发展态势并预测未来影响经济社会发展的关键技术。

当前,在全球的政治和经济舞台上,围绕技术竞争的紧张局势正在加剧。2021年的芯片短缺现象凸显出技术在当今时代的核心地位。同时，新一轮科技和产业革命与我国经济转型升级形成历史性交汇，未来产业将为我国经济高质量发展提供新增长点。我国经济社会发展和民生改善比过去任何时候都需要科学技术的支持。向科技要效益、向创新要动力，正成为国家、区域、城市经济社会发展的路径选择。技术预见，有助于制定前瞻性科技政策，优化配置科技资源。

展望2050年，全球科技创新方式和技术格局将发生重大变革，科技发展将在社会生产、生活的方方面面产生深刻影响，人工智能将成为各行各业的重要工具和应用手段，区块链技术将成为支撑数字经济发展的重要基础设施，量子计算技术将被应用于金融、军事和安全等领域，生物技术和基因编辑技术将继续发展并在更广泛领域得到应用。未来的科技发展是一个不断进化和创新的过程，各种新技术和新应用层出不穷，以杭州等为代表的创新型城市在产业发展过程中，应以国家战略需求和地方发展规划为导向，加强技术预见工作政策供给、人才培养和平台建设，推进技术预见研究和成果应用，支撑地方未来产业布局和重点产业发展，进一步增强技术预见对科技创新、经济社会和产业发展的引领作用，激活高质量发展之路的创新细胞，在科技竞争中不断前行！